kompaktwissen

GÜNTHER KRÜGER

Selbst-Management

Psychotraining –
Informationsaufnahme –
Körperfitness –
Zeitmanagement –
Zielsetzung und -kontrolle

Originalausgabe

Wilhelm Heyne Verlag
München

HEYNE KOMPAKTWISSEN
Nr. 22/257

Herausgeber der Reihe »kompaktwissen«:
Dr. Uwe Schreiber

Printed in Germany 1990
Umschlaggestaltung: Atelier Ingrid Schütz, München
Satz: Schaber, Wels
Druck und Bindung: Ebner Ulm

ISBN 3-453-04117-8

Inhalt

Vorwort

Liebe Leserin, lieber Leser!

Der Begriff »Management« begegnet uns heute fast überall in vielfältiger Form. Doch niemand wird in der Lage sein, ein Unternehmen oder eine Aufgabe zu »managen«, wenn er oder sie nicht in der Lage ist, das Wichtigste zu »managen:

☞ sich selbst.

Sie sollen die dargestellten Gedanken, Thesen und Erkenntnisse dieses Buches durchdenken, verarbeiten und in die tägliche Praxis umsetzen können. Allerdings nicht schematisch das Gelesene nachahmen und befolgen, sondern in der gedanklichen Auseinandersetzung den eigenen Weg finden und gehen.

Zwei Gedanken, an den Anfang dieses Buches gestellt, sollen Sie sensibilisieren, zum Nachdenken anregen und aufnahmebereit machen:

1. Gedanke

Wie alt Sie auch sind, Sie wissen nicht, wie lang Ihr Leben noch währt. Bedenken Sie: Heute ist der erste Tag Ihres restlichen Lebens. Verschwenden Sie es nicht!

2. Gedanke

Stellen Sie sich vor, Ihrem Bankkonto werden zu Beginn jeden Tages 86 400 DM gutgeschrieben. Jeden Abend verfällt alles, was Sie nicht verbraucht haben. Was tun Sie?

Sicherlich werden Sie alles abheben und es sinnvoll investieren: Erfolg, Gesundheit, Glück, Soziales, für sich, Ihre Familie oder andere.

Dieses Bankkonto haben Sie: bei der BfZ — der Bank für Zeit! Jeden Tag erhalten Sie 86 400 Sekunden. Jeden Abend ist alles verfallen, was Sie nicht sinnvoll verbraucht haben; eine Überweisung auf den nächsten Tag gibt es nicht.

Verhalten, Streß, Kommunikation, lebenslanges Lernen, Zeitmanagement, Freizeitgestaltung, Lebenssinn: alles Schlagwörter, die Ihnen täglich begegnen, und die Sie eigentlich zum Nachdenken anregen müßten.

Dabei will ich Ihnen mit diesem Buch helfen. Ich möchte Ihnen Anregungen geben, Fragen zu stellen und Sie zum Nachdenken und Handeln in eigener Sache bewegen. Wenn mir dieses, zumindest teilweise, gelingt, bin ich zufrieden, denn damit hätte ich einen großen Teil vieler Tagesgutschriften meiner BfZ sinnvoll eingesetzt.

Sollte Ihnen auffallen, daß manche Gedanken und Hinweise in mehreren Kapiteln vorkommen, so geschieht dies nicht, um Seiten zu füllen, sondern weil es sich hierbei um wesentliche Aspekte handelt, die einerseits wegen ihrer zentralen Bedeutung, andererseits aber auch wegen der leichteren Übernahme in Ihr Unterbewußtsein mehrfach aufgeführt werden.

Für Kritik und Anregungen bin ich dankbar.

Es ist eine Selbstverständlichkeit,
so lange die Erkenntnisse zu erweitern
und den Charakter zu bilden und zu stärken,
so lange man existiert.
Denn wer aufhört,
seine Erkenntnisse zu erweitern
und seinen Charakter zu stärken,
also an sich zu arbeiten,
um so viel wie möglich aus sich zu machen,
hat aufgehört zu leben.

THOMAS BERNHARD

☆

Für das Können gibt es nur
einen Beweis: das Tun.

MARIE VON EBNER-ESCHENBACH

Kevelaer, im Januar 1990 *Günther Krüger*

Kapitel 1:
Denken und handeln Sie positiv

Glück ist:
dauerndes Sich-behaglich-Fühlen.

ROBERT WALSER

Haben Sie sich auch bereits einmal gefragt,

- warum manche Menschen erfolgreich sind und andere nicht,
- warum manche sich ein Leben lang abstrampeln und es doch zu wenig bringen und anderen der Erfolg scheinbar mühelos zufliegt,
- warum manche glücklich, zufrieden, lebensfroh und optimistisch sind und andere unglücklich, unzufrieden, verzweifelt und depressiv?

Verantwortlich hierfür ist, wenn auch nicht ausschließlich, die persönliche Grundeinstellung eines Menschen. Sie wirkt in zwei Richtungen:

zu sich selbst
und
zu anderen.

Entscheidend für den persönlichen Erfolg, für ein glückliches und zufriedenes Leben in Gesundheit und Wohlergehen ist die Einstellung, die Sie zu **sich selbst** haben. Wenn Sie nicht von sich selbst, also von Ihrer Persönlichkeit, Ihren Fähigkeiten und Talenten, überzeugt sind, warum sollen dann andere von Ihnen überzeugt sein? Wenn Sie sich nichts zutrauen, warum sollen andere in Sie Vertrauen setzen?

Glück, Erfolg, Zufriedenheit und Gesundheit, all das nützt Ihnen jedoch nichts, wenn Sie allein sind. Vieles hat nur dann einen Sinn, wenn Sie es mit anderen Menschen teilen können. Vieles können Sie auch nur zusammen mit anderen erreichen. Dies bedeutet, daß neben der Grundeinstellung zu sich selbst auch Ihre Einstellung zu den **anderen Menschen** ein wichtiger Faktor ist. Sie können sicherlich, kurzfristig betrachtet, auf Kosten Ihrer Mitmenschen Erfolge und materiellen Gewinn erzielen, in dem Sie diese ausnutzen, »übers Ohr hauen« usw. Langfristig betrachtet werden Sie damit allerdings kaum bestehen können.

Wenn Sie Ihre Mitmenschen so behandeln, wie Sie selbst behandelt werden möchten, handeln Sie richtig. Sie müssen dabei allerdings in Kauf nehmen, daß Sie natürlich auch einmal Enttäuschungen erleben können bzw. materielle Einbußen erleiden. All dies wird sich jedoch in engen Grenzen halten und von vielem Positivem überlagert werden.

Allerdings dürfen Sie sich auch nicht ausnutzen lassen. Sie sollten im geschäftlichen Bereich ruhig eine klare Linie vertreten. Hart, aber fair. Härte bedeutet nicht, daß Sie deshalb gefühlskalt reagieren müssen.

Sie brauchen Ihre Gefühle nicht gewaltsam zu unterdrükken. Oftmals sind große wirtschaftliche Erfolge nur deshalb zustandegekommen, weil die Entscheidung letztendlich intuitiv, aus dem Gefühl heraus, getroffen wurde.

Das, was Sie bisher in diesem Kapitel gelesen haben, können wir in einem Satz zusammenfassen, der als Leitsatz Ihre persönliche Grundeinstellung beherrschen sollte:

Ich bin in Ordnung, Du bist in Ordnung!

Bisher haben Sie erfahren, daß die persönliche Grundeinstellung zu sich selbst und zu den Mitmenschen ein elementarer Faktor für Ihren Lebenserfolg ist.

Diese Grundeinstellung kann **positiv** oder **negativ** sein. Die meisten Menschen sind nicht ausschließlich positiv oder negativ eingestellt, sondern neigen eher zu der einen oder anderen Richtung. Selbst ein negativ eingestellter Mensch hat positive Erlebnisse, wie auch ein positiv eingestellter Mensch schon mal von negativen Einflüssen heimgesucht werden kann.

Es erübrigt sich sicherlich eine Diskussion darüber, daß mit einer grundsätzlich negativen Lebenseinstellung Glück, Erfolg, Zufriedenheit und Gesundheit nicht oder nur mit erheblichen Einschränkungen erreichbar sind.

1. Die Macht Ihrer Gedanken

Die meisten Menschen sind sich der Macht ihrer Gedanken überhaupt nicht bewußt. Zumindest nicht der ihrer positiven Gedanken. Anders sieht dies bei negativen Gedanken und Einstellungen aus.

Zwei Beispiele sollen dies verdeutlichen. Vielleicht haben Sie diese oder ähnliche Situationen schon einmal bei sich selbst oder anderen Menschen in Ihrer Umgebung beobachten können.

Situation 1:

Auszubildender Roland soll zum ersten Mal einen Kunden bedienen. Er hat Angst und denkt: »Das schaffe ich nicht. Das kann ich doch noch gar nicht.« Ergebnis: Er stottert, gerät ins Stocken, wird immer nervöser. Der Kunde wird ungeduldig und ärgerlich und verläßt das Geschäft, noch bevor Ausbilder Müller im Hintergrund eingreifen kann.

Situation 2:

Schüler Erwin muß zur mündlichen Prüfung. »Oh Gott«, denkt er, »der Meier kann mich sowieso nicht leiden. Der läßt mich durchfallen.« Die erste Frage kann Erwin nicht vollständig beantworten. Seine Gedanken: »Ich habe es ja gewußt. Ich kann es nicht.« Er wird nervöser, hat einen »Black-out« und fällt tatsächlich durch.

Dies sind nur zwei von vielen denkbaren Situationen, in denen sich Menschen aufgrund ihrer negativen Einstellung und ihren negativen Gedanken selbst um den Erfolg gebracht haben.

Wie hätten die Situationen bei einer positiven Grundeinstellung und positiven Gedanken aussehen können:

Situation 1:

Auszubildender Roland soll zum ersten Mal einen Kunden bedienen. Er ist selbstsicher und denkt: »Das schaffe ich schon. Und sollte das Verkaufsgespräch kritisch werden, dann kann ich ja Herrn Müller hinzuziehen.« Ergebnis: Er berät den Kunden freundlich und bestimmt. Mit zunehmender Dauer des Verkaufsgesprächs wird er immer sicherer. Der Kunde ist zufrieden und kauft. Ausbilder Müller braucht gar nicht einzugreifen.

Situation 2:

Schüler Erwin muß zur mündlichen Prüfung. »Ausgerechnet der Meier prüft mich. Aber ich bin gut vorbereitet. Und sollte ich etwas nicht wissen, ist das auch nicht tragisch«, denkt er. Die erste Frage kann Erwin nicht vollständig beantworten. Seine Gedanken: »Da hat er ausgerechnet den Teil erwischt, den ich nicht durchgearbeitet habe. Aber immerhin habe ich doch noch einiges gewußt. Die nächste Frage schaffe ich.« Erwin beantwortet die nächste Frage. »Na also, wußte ich es doch.« Er wird immer sicherer und besteht die Prüfung.

Zum Abschluß noch ein Beispiel für positive oder negative Grundeinstellungen:

Ein Glas Wasser, zur Hälfte gefüllt, steht auf dem Tisch. Zwei Personen betreten den Raum.

Person A: »Das Glas ist halb leer.«

Person B: »Das Glas ist halb voll.«

Wer von beiden hat die negative Grundeinstellung, wer die positive?

Es gibt viele solcher Beispiele, über die man an sich nicht groß nachdenkt. Sie charakterisieren jedoch die Grundeinstellung, die ein Mensch hat. Sie können darüber lamentieren, daß man Ihnen die Klingel an Ihrem Fahrrad gestohlen hat. Dies ist negativ. Wenn Sie positiv eingestellt sind, werden Sie sagen: »Gott sei Dank ist das Fahrrad noch da.«
Im obigen Beispiel hat Mensch B die positive Einstellung, weil halb voll sich eben positiver anhört als halb leer, obwohl letztendlich beides sachlich das gleiche aussagt.

2. Die Stärke Ihres Willens

Alles, was Sie mit Ihrem Geist erfassen können, können Sie auch in die Tat umsetzen. Sie müssen es nur **wollen**.

Wenn Sie ein Ziel erreichen wollen, dann wird Ihnen das gelingen. Neben dem absoluten Willen, dieses Ziel zu erreichen, müssen Sie zusätzlich noch daran **glauben**, daß Sie dieses Ziel auch erreichen werden. Das Ziel mag Ihnen heute noch phantastisch erscheinen. Sie können es erreichen, wenn Sie wollen und daran glauben. Sie müssen allerdings eine realistische Einschätzung über die Zeitdauer haben und bei sehr hochgesteckten Zielen zur eigenen Motivation Teilziele bilden.

Es kommt natürlich hinzu, daß Sie an der Verwirklichung Ihres Zieles arbeiten müssen. Wenn Sie sich in die Hängematte legen und warten, wird es Ihnen trotz Wille und Glaube kaum gelingen, Ihr Ziel zu erreichen.

Genau so wäre es Unsinn, sich vorzunehmen, morgen mit einer Rakete zum Mond zu fliegen. Da können Sie noch soviel Willen und Glauben investieren. Dies wird nicht gelingen. Setzen Sie sich aber folgendes Ziel: Spätestens in zehn Jahren will ich zum Mond fliegen. Dann handelt es sich zwar immer noch um ein sehr hochgestecktes Ziel. Mit entsprechendem Willen und Einsatz jedoch nicht unrealistisch.

»Wo ein Wille ist, ist auch ein Weg«

sagt ein Sprichwort, und damit ist eigentlich alles gesagt. Wenn Sie den unumstößlichen Willen zur Erreichung eines Zieles haben, werden Sie auch den dafür notwendigen Weg finden. Sie müssen ihn aber suchen. Nicht alle Wege führen nach Rom, aber manche sind auch Sackgassen, so daß Sie schon mal umkehren müssen. Mit Ihrer positiven Grundeinstellung wird Sie dies nicht entmutigen. Sie werden weiter Ihren Weg gehen.

3. Die Verwirklichung im Alltag

Denken und handeln Sie positiv! Das ist die Botschaft dieses Buches. Dieser Botschaft werden Sie auch in allen anderen Büchern und Seminaren, die sich mit dieser Thematik befassen, begegnen.

Denken und handeln Sie positiv! Dies schreibt sich und sagt sich so einfach. Für einen Menschen, der von der Veranlagung her bereits über eine positive Grundeinstellung verfügt, ist dies auch etwas völlig Normales. Unverständlich, darüber überhaupt zu reden, nachzudenken oder erst recht zu schreiben.

Für Menschen, die nicht über eine positive Grundhaltung verfügen, sieht das ganz anders aus. Diese Menschen machen sich ihr Leben unnötig schwer, neigen dazu, Probleme überzubewerten, Schwierigkeiten zu sehen, wo gar keine sind. Eine negative Grundeinstellung ist vergleichbar mit Treibsand (oder Moor). Sie sinken Stück für Stück weiter ein, bis Sie eines Tages versunken sind. Negativ eingestellte Menschen bergen immer die Gefahr in sich, depressiv zu werden oder gar psychisch zu erkranken.

Sie können sich auch nicht von heute auf morgen eine positive Grundeinstellung zulegen. Wenn Sie aber bei kritischer Selbstbetrachtung feststellen, daß Sie nicht zu den »positiven Typen« gehören, können Sie dies ändern, wenn Sie auf der Stelle all Ihre Kraft dafür einsetzen.

Auf den nächsten Seiten dieses Kapitels werden einige Hilfen für die praktische Umsetzung gegeben.

Bedenken Sie dabei jedoch, daß Sie nicht nur positiv denken, sondern auch dementsprechend handeln sollen. Die positiven Gedanken, die Sie haben, müssen Sie tagtäglich umsetzen.

Alles, was Sie in diesem Buch lesen werden, nützt Ihnen nichts, wenn Sie es nicht umsetzen.

Was können Sie also tun, um einen Tag positiv zu gestalten?

Der entscheidende Moment ist bereits der **Tagesbeginn**. Wenn Sie den Tag nicht positiv beginnen, kann es kein guter Tag werden. Damit Sie nicht gleich einen schlechten Tagesbeginn erwischen, sollten Sie

- ausreichend und gut geschlafen haben,
- nicht gleich nach dem Weckerläuten aus dem Bett springen, sondern drei bis fünf Minuten aufwachen, d.h. sich recken und strecken und dem Kreislauf Zeit geben, auf Touren zu kommen.

- den Tag mit positiven Gedanken beginnen, z.B.:

  Heute ist ein schöner Tag!
  Ich freue mich auf meine Arbeit!
  Ich fühle mich frisch und wohl!

- nehmen Sie sich ausreichend Zeit für eine erfrischende Morgentoilette, duschen Sie beispielsweise und vor allem,
- frühstücken Sie ohne Hast, wenn möglich mit der ganzen Familie,
- wenn Sie nicht überdurchschnittlich positiv eingestellt sind, sollten Sie auch auf die schlechten Nachrichten des Radios beim Frühstück verzichten. Hören Sie stattdessen lieber Ihre Lieblingsmusik.

Es ist für mich auch nicht verwunderlich, daß so viele Menschen eher negativ eingestellt sind. Wenn Sie Nachrichten hören oder sehen, Zeitungen aufschlagen, Sie werden überwiegend schlechte Nachrichten finden.

Sicherlich besteht das Leben nicht nur aus Positivem, und man darf das Negative nicht verschweigen. Man muß über negative Tatbestände unterrichtet sein, sonst kann man diese nicht ändern. Aber, überspitzt ausgedrückt, welchen Wert hat es für Sie, wenn Sie erfahren, daß auf einer Urwaldstraße in Südamerika infolge tagelangen Regens eine Brücke eingestürzt ist? Es geht dabei nicht um eine »Friede-Freude-Eierkuchen-Mentalität«, sondern darum, daß aufgrund gerade des in Deutschland feststellbaren Katastrophen-Journalismus einerseits die gesamte Grundeinstellung negativ beeinflußt wird und andererseits die Menschen derart abstumpfen, daß Sie wirklich erwähnenswerte negative Meldungen nicht mehr in die notwendigen Aktivitäten umsetzen können.

Nach einem positiven Start sollten Sie auch weiterhin keine Hektik aufkommen lassen, wenn Sie Ihr Heim verlassen. Haben Sie weite Entfernungen zu Ihrer Arbeitsstelle zurückzulegen, so planen Sie genügend Zeit für Staus und unvorhergesehene Zwischenfälle (Nebel, Schnee, Panne, Zug- oder Busverspätungen) ein. Wenn möglich, verschieben Sie Arbeitsbeginn und demzufolge Arbeitsschluß.

Bevor Sie Ihren Arbeitstag beginnen, sollten Sie noch einmal Ihren **Tagesplan** (siehe Kapitel 5) bewußt verarbeiten und ein besonderes Augenmerk auf die anstehenden Aufgaben richten.

Während des Tages denken Sie bitte an Ihre »Stillen Stunden« (siehe Kapitel 6), schalten Sie also geistig ab und zu einmal für kurze Zeit ab. Versuchen Sie Positives wahrzunehmen, suchen Sie zumindest anfänglich bewußt nach positiven Gegebenheiten. Klopfen Sie sich innerlich selbst auf die Schulter, wenn Sie eine Aufgabe oder Tätigkeit (erfolgreich) erledigt haben.

Bevor Sie den Weg nach Hause antreten, nehmen Sie noch einmal Ihren Tagesplan zur Hand. Wenn nicht bereits im Laufe des Tages geschehen, so streichen Sie nun alle erledigten Aufgaben und Tätigkeiten. Übertragen Sie, was nicht erledigt werden konnte. Bearbeiten Sie den Plan für den **nächsten Arbeitstag**. Sie erleichtern sich damit die Möglichkeit, nach Verlassen Ihrer Arbeitsstelle abschalten zu können. Insbesondere werden Sie dann vor dem Schlafengehen kaum noch über den nächsten Tag nachgrübeln.

Nutzen Sie Ihre **Freizeit** als Ausgleich zu Ihrer Arbeit, sei es mit Ihrer Familie, mit Freunden und Bekannten, bei Hobby oder Sport, Kunst oder Kultur usw.

Vor dem Einschlafen sollten Sie zwar nicht über den nächsten Tag nachdenken, sehr wohl sollten Sie aber den vergangenen Tag abschließen. Sie könnten sich beispielsweise folgendes bewußt machen und darüber nachdenken:

- Welchen Wert hatte dieser Tag für mein Leben?
- Habe ich mir und/oder anderen eine Freude bereitet? (Wenigstens eine Freude sollte es täglich schon sein!)

- Bin ich auf dem Weg zur Erreichung meiner persönlichen Ziele weitergekommen?
- Habe ich meine Mitmenschen (Familie, Freunde, Bekannte, Mitarbeiter, Kunden usw.) so behandelt, wie ich mir wünsche, behandelt zu werden?
- Habe ich etwas Gutes getan?

Dies sollen nur einige Möglichkeiten Ihrer abendlichen »Gewissenserforschung« sein. Wenn Sie jedoch diese und/ oder ähnliche Fragen ehrlich positiv beantworten können, werden Sie mit sich selbst zufrieden sein. Außerdem gehen Sie damit ein Problem automatisch an, das viele Menschen heute bedrückt und oft krank macht:

Sie erkennen den Sinn Ihres Lebens.

Was wollen Sie mehr?

Zusammenfassung Kapitel 1

① **Seien Sie überzeugt von sich selbst.**

② **Behandeln Sie andere Menschen so, wie Sie selbst behandelt werden möchten.**

③ **Ich bin in Ordnung, Du bist in Ordnung!**

④ **Machen Sie sich die Macht Ihrer positiven Gedanken immer wieder bewußt.**

⑤ **Wo ein Wille ist, ist auch ein Weg.**

⑥ **Denken und handeln Sie positiv!**

⑦ **Gestalten Sie jeden Tag positiv.**

Kapitel 2: Die Entwicklung einer persönlichen Strategie

Man kann alles, was man will.

FRIEDRICH GOTTLIEB KLOPSTOCK

(Man muß nur wissen, wie.)

Die Begriffe »Strategie« und »Taktik« kommen, wie vieles, was privat oder betrieblich Erfolg bringt, aus dem militärischen Bereich.

Das Fremdwörterlexikon übersetzt Strategie und Taktik wie folgt:

Strategie ist …
Kriegskunst, Kunst der Planung und Heerführung in großem Verband, Führung von Feldzügen.

Taktik ist …
planvoller Einsatz gegebener Kräfte zur Erreichung eines Zieles unter gegebenen Umständen; im militärischen Sinn die Führung von einzelnen Gefechts- oder Kampfhandlungen.

Sehr schnell hatte man in den Unternehmungen (insbesondere natürlich den großen) erkannt, daß das, was im militärischen Bereich erfolgbringend ist, auch im betriebswirtschaftlichen Bereich nicht falsch sein kann. Demzufolge sind Unternehmensstrategien und taktisches Verhalten in der Praxis moderner Unternehmensführung nicht mehr wegzudenken.

Was bei den Militärs und den Unternehmen, also in größeren Einheiten, funktioniert, kann auch im persönlichen Bereich erfolgreich umsetzbar sein.

Wenn Sie erfolgreich sein wollen und Strategie und Taktik Erfolgskomponenten sind, so ergibt sich für Sie die Notwendigkeit der Entwicklung einer persönlichen Strategie und Taktik und deren Umsetzung im täglichen Ablauf.

Die Entwicklung einer persönlichen Strategie (aus der sich dann entsprechende Taktiken ableiten lassen) ist allerdings von einigen Voraussetzungen abhängig.

Erste wesentliche Voraussetzung ist die **persönliche Zielsetzung** (siehe hierzu ausführlich Kapitel 4). Wenn Sie keine Ziele haben, brauchen Sie keine Strategie.

Zweite wesentliche Voraussetzung ist die **persönliche Istanalyse** (siehe hierzu ausführlich Kapitel 3). Ohne Kenntnis Ihrer Stärken und Schwächen finden Sie nicht die richtige Strategie.

Dritte wesentliche Voraussetzung ist die **Zeit**. Sie müssen sich Zeit nehmen, eine persönliche Strategie zu entwickeln und auszubauen.

Die Vorteile einer solchen problemorientierten Strategie liegen auf der Hand.

Sie analysieren die **Situation** bzw. das **Problem**. Sie entwickeln **Situations-** bzw. **Problembewußtsein** und setzen sich damit gedanklich auseinander. Sie entwickeln ein **Zielsystem**, bestehend aus Ober-, Zwischen- und Unterzielen. Aus dem Zielsystem leiten Sie einen **Maßnahmenkatalog** ab und verbinden diesen mit einem **Zeitplan**. Sie berücksichtigen dabei die möglichen Einflußgrößen, die auf Ihre Strategie negativ oder positiv wirken. Ihre Strategie wird ständig auf Wirkung und Zielerreichung **kontrolliert** und gegebenenfalls **weiterentwickelt** (optimiert, angepaßt, verändert). All dies vollziehen Sie nicht nur gedanklich, sondern Sie legen es auch **schriftlich** nieder.

Die Vorteile einer Strategie liegen also in der Entwicklung eines eindeutigen **Ablaufplanes** und damit einer geordneten **Zielerreichung**.

Ohne eine Strategie dagegen fehlt die gedankliche Gesamtauseinandersetzung, die Berücksichtigung von Einflußgrößen und die ständige Erfolgskontrolle.

Sie können auch ohne Strategie und Taktik erfolgreich sein. Dieser Erfolg ist aber i. d. R. zufalls- bzw. glücksbedingt und demzufolge nicht stetig. Der Volksmund sagt: »Auch ein blindes Huhn findet mal ein Korn.«

Genau so ergeht es Ihnen ohne den Einsatz einer Strategie:

Sie sind blind.

Öffnen Sie also Ihre Augen, indem Sie strategisch und taktisch vorgehen!

Fairerweise muß aber angemerkt werden, daß Strategie und Taktik allein nicht immer ausreichen, um den größtmöglichen Erfolg zu erzielen. Ein wenig Glück (des Tüchtigen) gehört schon dazu und natürlich Leistung. Denn, so sagt der Volksmund auch: »Von nichts kommt nichts.« Die gebratenen Tauben fliegen Ihnen nicht vom Nichtstun in den Mund.

1. Der Strategie-Ablaufplan

Die nachfolgende Abbildung zeigt Ihnen noch einmal den Ablauf und die Umsetzung Ihrer möglichen Strategie:

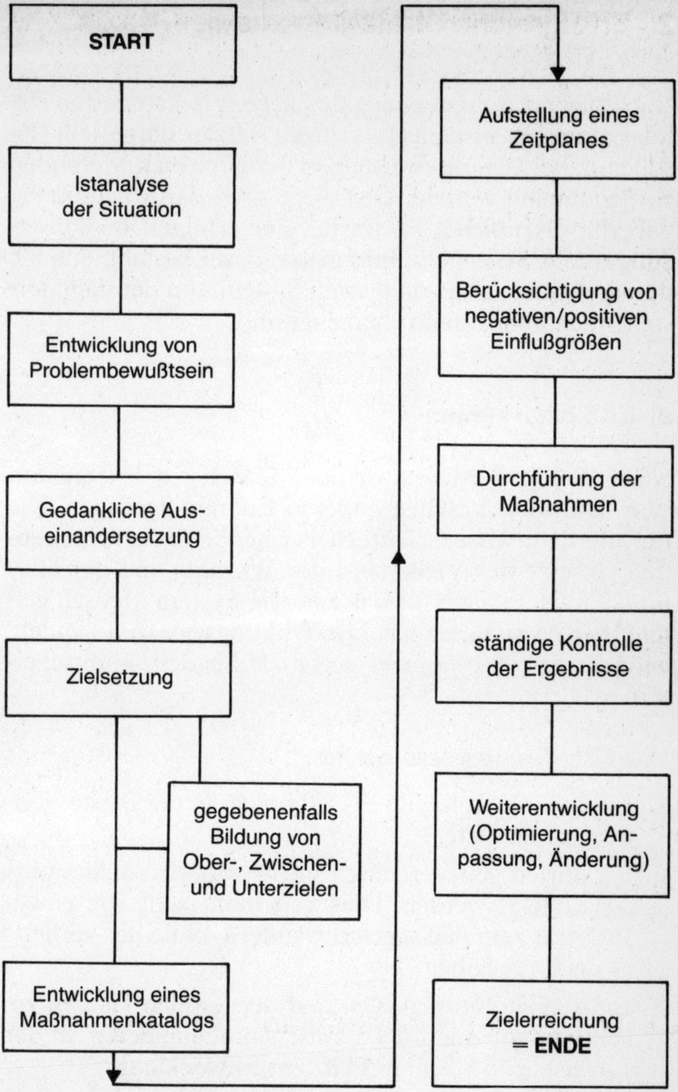

Abb. 1 *Der Strategie-Ablaufplan*

2. Erfolgreiche Strategien aus der Praxis

Nachfolgend werden einige der derzeit bekanntesten Erfolgsstrategien in einigen wenigen Sätzen dargestellt. Es sollen dabei keine Bewertungen der einzelnen Methoden vorgenommen werden. Dies liegt auch darin begründet, daß ein wesentlicher Faktor für eine erfolgreiche Umsetzung dieser Systeme in Ihre Praxis darin besteht, daß Sie daran glauben, also von diesem System und der dahinterstehenden Philosophie überzeugt sind.

a) EKS nach Mewes

Nach Wolfgang Mewes ist der Mensch ein Energie-System und lebt zwischen anderen Energie-Systemen. Die für alle naturwissenschaftlichen Energie-Systeme geltenden Gesetze des Verhaltens, der Wirkung und der Harmonie müssen auch für das Energie-System Mensch gelten. Wer nach diesen Energie-Wirkungsgesetzen handelt, wird erfolgreich sein, wer gegen sie handelt, muß scheitern.

Das **EKS-Grundgesetz** sagt aus:

1. Konzentrieren Sie Ihre Kräfte nicht in die Breite, sondern in die Tiefe.
2. Sie dürfen geistig-seelisch nicht umherirren. Sie müssen seßhaft werden. Dies bedeutet, nicht von einem Problem zum nächsten zu wandern, ohne das vorherige gelöst zu haben.
3. Entwickeln Sie sich nicht auf den großen Haufen zu, sondern auf eine Lücke zwischen den anderen. In der Lücke haben Sie mehr Platz zur Entwicklung.
4. Konzentrieren Sie sich nicht in die Breite und auf Perfektion, sondern auf die zentralen Probleme und Zu-

sammenhänge. Es kommt also beispielsweise nicht darauf an, ein vorhandenes Formular immer weiter zu perfektionieren, sondern entscheidend ist doch erst einmal die Frage: Hat dieses Formular überhaupt einen Nutzen? Welche Informationen benötigt der Formularbenutzer überhaupt?

Die EKS-Gesetze sind Koordinationsgesetze der Natur. Dies bedeutet, daß Mensch und Betrieb sich um eine optimale Koordination mit ihrer Umwelt bemühen müssen. Die EKS ist keine Konflikt-, sondern eine Integrationsstrategie.

Leistungen und Hilfsmittel, die das EKS anbietet, sind:

Fernkurse, Leistungsgemeinschaften, EKS-Aktuell, Veranstaltungen, Methodik-Karten.

Informationen erhalten Sie von:

Frankfurter Allgemeine Zeitung GmbH Informationsdienste, Postfach 100808, 6000 Frankfurt a. M. 1

b) Schmidt-Colleg-Methode

Josef Schmidt stellt als Grundthese fest, daß der Ausgangspunkt allen Erfolges die (Unternehmer-)Energie ist. Diese Energie, über die jeder Mensch verfügt, ist einerseits nicht unerschöpflich und muß andererseits gehegt und zielgerecht eingesetzt werden. Demzufolge sucht man sich erst einmal die wirklich lohnenden (beruflichen und privaten) Ziele. Schmidt unterstellt, daß man nur das erfolgreich durchführen kann, was man auch wirklich gerne tut.

Dies alles soll unter Hilfe einer Zeit- und Zielplanung, eines Controlling-Systems sowie eines Stärke-/Schwächen-Barometers erreicht werden. Schmidt verspricht, daß ganz automatisch Souveränität, Gelassenheit und Ausgeglichenheit, beruflich wie privat, erreicht bzw. verstärkt werden.

Leistungen und Hilfsmittel, die geboten werden, sind:
Seminare, Timing-Zeitplanbuch, Informationsbroschüren

Informationen erhalten Sie von:
Josef Schmidt Colleg GmbH, 8580 Bayreuth

c) Josef-Hirt-Strategie

Josef Hirt stellt als Grundthese fest, daß man Erfolg nur haben kann, wenn Arbeits- und Lebensgestaltung optimal ausgerichtet sind. Dafür bietet Hirt ein System mit sechs Schritten an:

1. Schritt — Gesetz der Lust und Unlust
2. Schritt — Zeitplanung
3. Schritt — Erfassung und Vermeidung von Störungen
4. Schritt — Dynamisches Planen
5. Schritt — Dynamische Analyse
6. Schritt — Dynamische Zukunftsstrategie

Leistungen und Hilfsmittel, die angeboten werden, sind:
Fernkurse, Zeitplanbuch, Anwendungs- und Kontrollkarten.

Informationen erhalten Sie von:
Josef Hirt AG, CH-8062 Zürich.

d) HelfRecht-System

Die Grundthese des HelfRecht-Systems lautet: Erfolg ist planbar. HelfRecht baut als eine wesentliche Grundlage seiner Lebensphilosophie auf die Zielplanung. Langfristige und mittelfristige Perioden-Zielpläne sind zu entwikkeln. Aus der Zielsetzung heraus ist eine Strategie zur Zielerreichung zu entwickeln. Eine weitere wesentliche Grundlage bei HelfRecht ist die Situationsanalyse.

Die wahren Stärken und Schwächen sollen durch diese Istanalyse unter Ermittlung von sogenannten Plus-Situationen (positiv) und Minus-Situationen (negativ) erkannt werden. Daraus ergibt sich das Resümee: Wie lassen sich Minus-Situationen in Plus-Situationen umwandeln? Wie können Stärken weiterentwickelt werden? Was muß dafür getan werden?

Das HelfRecht-System ist sowohl für den persönlich/beruflichen wie auch für den Unternehmensbereich anwendbar.

Leistungen und Hilfsmittel, die HelfRecht anbietet, sind:

Seminare, ein regelmäßig erscheinendes Methodik-Journal, Zeitplanbuch.

Informationen erhalten Sie von:

HelfRecht-Zentrum, 8591 Bad Alexandersbad

3. Ganzheitliches Denken

Was heute fehlt, im privaten wie im beruflichen Bereich, ist das **ganzheitliche Denken**. Dieses ganzheitliche Denken müssen wir (wieder?) lernen.

Durch die Spezialisierung, die ja im Bereich der Problemlösungsfindung, des Kräfteeinsatzes und der Herausarbeitung von Stärken absolut unverzichtbar ist, erfolgte auch eine Einengung des Denkens.

Unsere Unternehmen, unsere gesamte Gesellschaft, sind sozialökonomischer Natur. Da wir Teil der Unternehmen und der Gesellschaft sind, müssen wir uns ebenfalls sozialökonomisch verhalten, und zwar nicht nur im beruflichen, sondern auch im privaten Bereich. Ganzheitliches Denken steht also nicht im Gegensatz zur Spezialisierung. Ganzheitliches Denken und Spezialisierung sind zwei verschiedene Bereiche, die jedoch gleichzeitig in ihren unterschiedlichen Anwendungsfeldern einsetzbar sind.

Eine Problemlösung kann noch so wirtschaftlich sein, wenn sie gesellschafts- oder umweltschädigende Auswirkungen hat, ist sie nicht akzeptabel. Sie wird sich übrigens auch langfristig nicht durchsetzen.

Ganzheitliches Denken bedeutet aber auch, daß Gemeinwohl vor Eigennutz kommt. Moderne Unternehmen und Unternehmer (und zwar unabhängig von der Größe) haben die Verpflichtung zum Gemeinwohl erkannt. Dem Gemeinwohl Vorrang einzuräumen bedeutet nicht, daß Sie arm sein und all Ihr Hab und Gut verschenken müssen. Um dem Gemeinwohl zu dienen, ist es sogar Voraussetzung, daß Sie sich um den größtmöglichen persönlichen Erfolg bemühen. Vorrang vor dem Gemeinwohl bedeutet aber, daß Sie Ihren Erfolg nicht auf Kosten anderer erzielen.

Ein einfaches Beispiel aus dem alltäglichen Arbeitsleben soll dies verdeutlichen:

Hillermeier und Kollege Meier sind Verkäufer in einem Unternehmen. Am Jahresende erhält derjenige von beiden, der den meisten Umsatz erzielt hat, eine Reise nach Amerika. Beide steigern ihren Umsatz, Hillermeier liegt am Jahresende um 50000 DM vorn.

Nun können Sie sagen, Hillermeier hat die Reise auf Kosten von Meier gewonnen.

Dies ist jedoch nicht richtig, wenn es ein fairer Wettbewerb war. Beide haben durch die Umsatzsteigerung höhere Provisionseinnahmen. Durch die höheren Umsätze profitieren die Vorlieferanten, und es müssen weitere Mitarbeiter in der Produktion eingestellt werden. Das Unternehmen hat höhere Umsätze und damit wahrscheinlich auch höhere Gewinne. Durch höhere Steuerzahlungen profitiert der Staat und damit die Volkswirtschaft. Sie sehen, in diesem Fall hat eigentlich keiner etwas verloren, alle haben gewonnen.

Die obige Behauptung wäre richtig, wenn Hillermeier dies nur erreicht hätte, weil er die Arbeit von Meier sabotiert hat. Hillermeier hätte Meier geschädigt, das Unternehmen, den Staat usw. Er hätte letztendlich aber auch sich selbst geschädigt. In der Zeit, die er für das Sabotieren von Meiers Arbeit benötigte, hätte er vielleicht so viel zusätzlichen Umsatz erzielen können, daß er von seinen Provisionen die Reise nach Amerika spielend hätte finanzieren können.

Dies war nur ein kleines Beispiel aus dem geschäftlichen Bereich. Derartiges Verhalten gibt es leider vielfach in unserer Gesellschaft. Dies gilt erst recht für größere Einheiten, also Unternehmen, Verbände usw.

Darüber hinaus sollten Sie teilen können, d.h. einen Teil Ihres Erfolges sollten Sie weitergeben. Es wird Ihnen mehr Befriedigung bringen, als allen Erfolg nur für sich zu behalten.

Bedenken Sie also bei allem was Sie tun immer auch die Auswirkungen auf andere Menschen und auf unser Gemeinwesen. Sagen Sie nicht: »Was kann ich allein schon ausrichten?« Bedenken Sie, daß auch der größte Strom aus einer kleinen Quelle entspringt. Seien Sie die Quelle!

Zusammenfassung Kapitel 2

① **Entwickeln Sie Strategien.**

② **Nutzen Sie eine der angebotenen Strategieformen.**

③ **Denken Sie ganzheitlich!**

④ **Berücksichtigen Sie auch das Gemeinwohl.**

⑤ **Lernen Sie zu teilen.**

Kapitel 3: Die berufliche und persönliche Ist-Analyse

Wer einmal sich selbst gefunden,
kann nichts auf dieser Welt mehr verlieren.
Und wer einmal den Menschen in sich begriffen,
der begreift alle Menschen.

STEFAN ZWEIG

1. Der Fragenkatalog

Auf die nachfolgenden vier Fragen sollten Sie für sich selbst Antworten suchen und finden. Dies wird Ihnen nicht in einer Stunde gelingen. Sie werden vielmehr dafür Tage, vielleicht sogar Wochen benötigen. Wichtig dabei ist, daß Sie sich diese Zeit nehmen, sich intensiv mit den Fragen auseinandersetzen und die Antworten schriftlich niederlegen. Wenn Sie dann nach einer gewissen Zeit meinen, daß Ihre **Selbstanalyse** fertiggestellt ist, sollten Sie Ihre Aufzeichnung systematisch ordnen und schriftlich dokumentieren.

Nun zu den Fragen, die Sie sich beantworten sollten.

(1) Wo stehe ich privat und beruflich?

Der erste Bereich der Fragen betrifft also Ihre jetzige private und berufliche **Situation**.

Damit Sie in der Lage sind, sich selbst zu managen (coachen), ist eine Ist-Analyse unentbehrlich. Erst aufgrund dieser Ist-Analyse wissen Sie, wo Sie den Hebel ansetzen können, um erfolgreicher und insgesamt zufriedener zu werden.

Erfolgreiche Menschen handeln aufgrund ihrer Persönlichkeit. Handeln und Persönlichkeit sind hier eins. Deshalb wirken sie überzeugend und hinterlassen bei anderen einen nachhaltigen Eindruck.

Bei weniger erfolgreichen Menschen dagegen liegt eine Diskrepanz zwischen Persönlichkeit und Handeln. Sie ahmen andere nach und handeln demnach oft gegen ihre eigene innere Überzeugung. Wenn ich aber innerlich von dem, was ich tue, nicht überzeugt bin, kann ich erst recht niemand anderen überzeugen.

Nicht nur Buchhalter ziehen mehrfach Bilanz, alle arbeitenden Menschen tun dies während der Ausführung ihrer Arbeit. Wenn Bilanzierung bei der Arbeit sinnvoll ist, muß dies auch für Ihr Leben gelten. Wie sieht eine Lebensbilanz aus und wie geht man vor?

Sie stellen fest, wo sie augenblicklich stehen, welche Talente (Kapital — Passiva) sie haben und wie diese Talente eingesetzt sind (Berufs- und persönliches Vermögen — Aktiva).

Aktiva	**LEBENSBILANZ** Passiva
Persönliches Vermögen z. B. Familie Haus Segelboot usw. Berufsvermögen z. B. Beruf Position Statussymbole usw.	Kapital (Talente) z. B. Intelligenz Toleranz Zielstrebigkeit Lernfähigkeit Ausdauer Fairneß usw.
SUMME =	SUMME

Um es noch einmal deutlich zu sagen:

Wenn Sie sich selbst nicht kennen, also nicht wissen, wo Ihre Stärken und Schwächen liegen, können Sie nicht oder nicht so erfolgreich werden, wie es Ihren Talenten entspricht.

Die Selbstanalyse ist also das Tor zum Erfolg. Durch dieses Tor müssen Sie — und zwar ganz allein — gehen. Zur Selbstanalyse gehören zwei wesentliche Dinge:

Ruhe und Ehrlichkeit.

Damit Ihre persönliche Ist-Analyse ein wirklich sinnvolles Ergebnis bringen kann, benötigen Sie absolute **Ruhe**. Nehmen Sie sich also Zeit und ziehen Sie sich in einen Raum zurück. Sorgen Sie dafür, daß Sie nicht gestört werden. Nur dann sind Sie in der Lage, in sich hineinzuhören und Ihre persönliche Bilanz zu ziehen.

Die Selbstanalyse ist aber nur dann das Tor zum Erfolg, wenn Sie absolut **ehrlich** zu sich sind. Es bringt Ihnen nichts, wenn Sie sich selbst etwas vormachen. Und hier liegt die eigentliche Schwierigkeit der persönlichen Selbstanalyse. Viele Menschen belügen sich bewußt oder unbewußt, versuchen ihre Schwächen zu verdrängen. Bedenken Sie aber auch, daß Schwächen nicht generell negativ zu betrachten sind. Die Beurteilung richtet sich vielfach auch danach, wo sie eingesetzt werden. Ein Beispiel zur Verdeutlichung:

Ein gewisser Grad an Aggressivität ist für einen Postbeamten sicherlich eher eine Schwäche, für einen Werbemanager dagegen sogar notwendig.

Kein Mensch hat nur Stärken. Jeder hat auch Schwächen. Sie müssen Ihre Stärken weiter herausarbeiten und Ihre Schwächen in Ihrem täglichen Tun berücksichtigen. Dies können Sie aber nur dann, wenn Sie sich selbst analysieren.

Zum Schluß dieser Einleitung noch eins: In der Regel ist es nicht sinnvoll, viel Zeit mit der Behebung Ihrer Schwächen zuzubringen. Sie sollten diese Zeit vielmehr nutzen, um Ihre Stärken weiter auszubauen. Wenn Sie versuchen, Ihre Schwächen zu beheben, vernachlässigen Sie automatisch Ihre Stärken. Ergebnis: Trotz aller Anstrengung werden Sie in Ihren Schwachpunkten nie Spitze und bei Ihren Stärken verlieren Sie die vorhandene Spitze.

Ein Beispiel zur Verdeutlichung:

Ein Zehnkämpfer hat eine schwache Disziplin, bei der er bei jedem Wettkampf die wenigsten Punkte erlangt. Vor dem nächsten Wettkampf konzentriert er sich auf diese schwache Disziplin. Ergebnis: Er verbessert sich tatsächlich und steigert seine Leistung in dieser Disziplin um 50 Punkte. Er hat jedoch die anderen neun Disziplinen vernachlässigen müssen und dort insgesamt 90 Punkte weniger erzielt.

Geben Sie sich dabei Antworten auf folgende Fragen:

- Wo lebe ich?
- In welchem Umfeld lebe ich?
- In welchen Vereinen und Gruppen bin ich tätig?
- Welche Bekannten habe ich?
- Was motiviert mich?
- Welche Freunde habe ich?
- Welche Hobbies betreibe ich?
- Welche Ideale habe ich?
- Welche Wünsche und Vorstellungen habe ich?
- Welche Neigungen und Abneigungen habe ich?
- Welche Bedürfnisse habe ich?
- Welche Ausbildung habe ich?
- Welche Weiterbildung habe ich?
- Welche Kenntnisse und Fähigkeiten habe ich?
- Welche Erfahrungen habe ich?

(2) Wie sehe ich mich selbst, wie die anderen?

Der zweite Fragenkomplex betrifft den Bereich Ihrer **Persönlichkeit**.

Geben Sie sich dazu Antworten auf folgende Fragen:

- Welche Besonderheiten habe ich in körperlicher, geistiger und psychischer Hinsicht?
- Wie ist mein Erscheinungsbild (Personality Identity)?
- Wie spreche ich?
- Welche Gewohnheiten habe ich?
- Bin ich ernst oder fröhlich?
- Bin ich aktiv oder zurückhaltend?
- Bin ich stur oder offen?
- Kann ich gut zuhören?
- Bin ich hilfsbereit?

(3) Welche Stärken habe ich?

Der dritte Bereich der Fragen betrifft nun Ihre persönlichen **Stärken**.

Geben Sie sich Antworten auf folgende Fragen:

- Welche meiner Besonderheiten sehe ich oder andere zum jetzigen Zeitpunkt als meine Stärken an?
- War das früher anders, gab es andere Stärken?
- Wenn ja, wieso ist das so?
- Durch welche Stärken unterscheide ich mich von anderen besonders?
- Wenn ich mehrere Stärken habe, ragen welche besonders heraus?

(4) Welche Schwächen habe ich?

Der letzte Bereich der Fragen betrifft Ihre persönlichen **Schwächen**.

Tabelle der Persönlichkeitsfaktoren	sehr stark/ sehr gut	gut/stark	mittel	schlecht/ schwach	sehr schlecht/ sehr schwach
Kontaktfreudigkeit	☐	☐	☐	☐	☐
Intelligenz	☐	☐	☐	☐	☐
emotionale Stabilität	☐	☐	☐	☐	☐
Dominanz	☐	☐	☐	☐	☐
Energie, Tatkraft	☐	☐	☐	☐	☐
Verläßlichkeit	☐	☐	☐	☐	☐
aktives Kontaktstreben	☐	☐	☐	☐	☐
Feinfühligkeit	☐	☐	☐	☐	☐
Mißtrauen, Argwohn	☐	☐	☐	☐	☐
Unkonventionalismus	☐	☐	☐	☐	☐
Korrektheit, Nüchternheit	☐	☐	☐	☐	☐
Ängstlichkeit	☐	☐	☐	☐	☐
Radikalismus	☐	☐	☐	☐	☐
Selbständigkeit	☐	☐	☐	☐	☐
Selbstdisziplin	☐	☐	☐	☐	☐
nervöse Spannung	☐	☐	☐	☐	☐

Abb. 2 *Tabelle der Persönlichkeitsfaktoren*

Geben Sie sich nun Antworten auf folgende Fragen:

- Welche meiner Besonderheiten sehe ich oder andere zum jetzigen Zeitpunkt als meine Schwächen an?
- War das früher anders, gab es andere Schwächen?
- Wenn ja, wieso ist das so?
- Gibt es Schwächen, die besonders stark entwickelt sind?
- Habe ich bestimmte Probleme (Alkohol, Essen, Nikotin usw.)?

2. Die Erstellung eines Persönlichkeits-Profils

Die Abbildung 2 zeigt Ihnen die Persönlichkeitsfaktoren nach R. B. Cattell.

Sie sollten sich nun selbst ein Persönlichkeits-Profil erstellen, indem Sie sich bei jedem der 16 Faktoren in eine der fünf Wertungsgruppen einordnen. Lassen Sie anschließend das gleiche von einer Ihnen nahestehenden Person durchführen. Sie können dann feststellen, wo Unterschiede in der eigenen und einer fremden Beurteilung liegen. In der Regel neigt man dazu, sich selbst etwas positiver einzuschätzen, so daß geringe Abweichungen unerheblich sind. Wenn allerdings bei einem oder mehreren Faktoren große Diskrepanzen auftreten, sollten Sie sich selbstkritisch befragen. Haben Sie sich eventuell bewußt zu positiv dargestellt oder wirken Sie tatsächlich nach außen so?

Damit Sie sich besser einordnen können, nachfolgend einige Merkmale zu jedem Persönlichkeitsfaktor. Links steht dabei jeweils die Ausprägung »sehr stark oder gut« und rechts »sehr schwach oder schlecht«. Hierbei ist sehr stark nicht immer mit gut und sehr schwach nicht immer mit schlecht gleichzusetzen.

Kontaktfreudigkeit	
+ heiter	– kalt
+ fröhlich	– reserviert
+ großzügig	– unbeugsam
+ teilnahmsvoll	– hart

Intelligenz	
+ schnelle Auffassung + klug + Problemerkenntnis + logisch + abstraktes Denken	– langsame Auffassung – keine Problemlösungs-fähigkeit – unlogisch – fehlende Abstrak-tionsfähigkeit

emotionale Stabilität	
+ ausgeglichen + ruhig + gelassen + realitätsbezogen	– impulsiv – gefühlsbetont – schnelle Erregbarkeit

Dominanz	
+ Durchsetzungsvermögen + bestimmend + unbeugsam + befehlend + selbstbewußt	– unterwürfig – fügsam – schnell nachgebend – Ergebenheit

Energie, Tatkraft	
+ positive Grundhaltung + lebensbejahend + vital + überschwenglich + offen + heiter + optimistisch	– negative Einstellung – ernst – in sich gekehrt – sorgenvoll – verschlossen – pessimistisch

Verläßlichkeit	
+ Anerkennung von Regeln und Normen + gewissenhaft + genau + pflichtbewußt	– Ablehnung von Regeln und Normen – leichtfertig – nachlässig – verantwortungslos

aktives Kontaktstreben	
+ aktiv + selbstsicher + auf andere zugehend + offen + vorurteilsfrei	– zurückhaltend – vorsichtig – verschlossen – ängstlich – gehemmt

Feinfühligkeit	
+ sensibel + zartbesaitet + empfindsam + phantasiebetont + gefühlvoll	– unsensibel – hart – phantasielos – gefühllos – vernünftig

Mißtrauen, Argwohn	
+ leicht zu enttäuschen + argwöhnisch + feindselig + verbittert + schwer versöhnlich	– vertrauensselig – arglos – leicht zu täuschen – herzlich – versöhnlich

Unkonventionalismus	
+ kein Gewohnheitsmensch + lehnt strenge Regeln und gesellschaftliche Normen ab + beachtet sie weniger + zukunftsbezogen + visionär	– lebt und handelt innerhalb bestehenden Regeln und Normen – gegenwartsbezogen – schwimmt im Strom mit

Korrektheit, Nüchternheit	
+ korrekt + scharfsinnig + gebildet + selbstkritisch + überkontrolliert + fällt nie aus der Rolle	– spontan – natürlich – Einfachheit – fehlende Selbstkritik – ohne Selbstkontrolle

Ängstlichkeit	
+ Schuldgefühle + besorgt + schüchtern + Skrupel + überempfindlich	– mutig – risikobereit – neigt nicht zu Schuldgefühlen – sorglos

Radikalismus	
+ intolerant + rücksichtslos + kompromißlos + liebt Experimente	– tolerant – rücksichtsvoll – kompromißbereit – traditionell

Selbständigkeit	
+ entscheidungsfreudig + oft, aber auch einsame Entscheidungen + Eigenbrötler	– entscheidungsarm – Mitläufer – auf sich allein gestellt verloren

Selbstdisziplin	
+ starker Willen + starke Selbstdisziplin + starkes Vertrauen in die eigenen Fähigkeiten + verkraftet Mißerfolge	– schwacher Willen – geringe Selbstdisziplin – wenig Selbstvertrauen – wird durch Mißerfolge verunsichert

Nervöse Spannung	
+ nervös + schnelle Erregbarkeit + temperamentvoll + unkontrollierte Gefühlsausbrüche	– ruhig – gelassen – keine Gefühlsausbrüche

Nun können Sie sich selbst beurteilen bzw. einordnen lassen. Nachfolgend sehen Sie beispielhaft die Tabelle eines Kaufmännischen Leiters.

Tabelle der Persönlichkeitsfaktoren	sehr stark/ sehr gut	gut/stark	mittel	schlecht/ schwach	sehr schlecht/ sehr schwach
Kontaktfreudigkeit	☐	☐	☒	☐	☐
Intelligenz	☒	☐	☐	☐	☐
emotionale Stabilität	☐	☒	☐	☐	☐
Dominanz	☐	☐	☒	☐	☐
Energie, Tatkraft	☐	☐	☒	☐	☐
Verläßlichkeit	☐	☒	☐	☐	☐
aktives Kontaktstreben	☐	☐	☒	☐	☐
Feinfühligkeit	☐	☐	☐	☒	☐
Mißtrauen, Argwohn	☐	☐	☒	☐	☐
Unkonventionalismus	☐	☐	☐	☒	☐
Korrektheit, Nüchternheit	☒	☐	☐	☐	☐
Ängstlichkeit	☐	☐	☐	☒	☐
Radikalismus	☐	☐	☐	☒	☐
Selbständigkeit	☐	☐	☒	☐	☐
Selbstdisziplin	☐	☒	☐	☐	☐
nervöse Spannung	☐	☐	☐	☒	☐

Abb. 3 *Tabelle der Persönlichkeitsfaktoren eines Kaufmännischen Leiters (Beispiel)*

Zu diesem Beispiel sehen Sie nun eine kurze Stellungnahme:

Faktor	Beispiel	Erfordernis		Bemerkung
01	3	2—3	→	normale Kontaktfreudigkeit reicht
02	1	1—2	→	Intelligenz sollte überdurchschnittlich sein
03	2	2—3	→	eine gute emotionale Stabilität sollte vorhanden sein
04	3	2—3	→	Durchsetzungsvermögen sollte hoch sein, aber nicht durch Diktat
05	3	2—3	→	Energie und Tatkraft sollte zumindest im normalen Maß vorhanden sein
06	2	2—3	→	daß Verläßlichkeit vorhanden sein muß, versteht sich von selbst
07	3	3	→	weder Draufgängertum noch Gehemmtheit sind verlangt
08	4	3—4	→	normale Feinfühligkeit mit Tendenz zur Nüchternheit scheint angebracht
09	3	3	→	weder ausgeprägtes Mißtrauen noch starker Argwohn sind gefragt
10	4	3—4	→	die Beachtung von Vorschriften ist notwendig, allerdings nicht stereotyp
11	1	1—2	→	überdurchschnittliche Korrektheit ist erforderlich
12	4	3	→	weder Skrupellosigkeit noch Zaudern sind hier gefragt
13	4	3—4	→	die Position verlangt eher die Neigung zur konservativen Haltung
14	3	2—3	→	es muß eine hohe Selbständigkeit vorausgesetzt werden
15	2	2	→	jede Führungskraft benötigt ein hohes Maß an Selbstdisziplin
16	4	3—4	→	Gelassenheit ist zur Streßbewältigung unerläßlich

Über diese Sollwerte und Bemerkungen kann man sicherlich angeregt diskutieren. Machen Sie sich bitte hierzu Ihre eigenen Gedanken.

3. Das Struktogramm

Das **Struktogramm** basiert auf den Erkenntnissen der Hirnforschung. Prof. P. D. MacLean drückt dies so aus:

»Die Natur hat den Menschen mit drei Gehirnen ausgestattet, die trotz großer Unterschiede in Aufbau und Funktion zusammenwirken und sich miteinander verständigen müssen.«

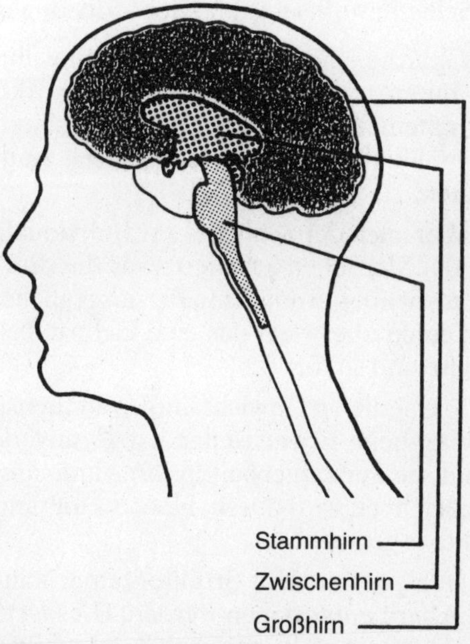

Abb. 4 *Die drei Gehirne des Menschen*

Das Stammhirn

ist das erste und älteste Gehirn. Hier ist die **Vergangenheit**, die Erfahrung von Jahrmilliarden des Lebens, gespeichert. Es ist Sitz der Urinstinkte, Begierden, Lebensprogramme, der Selbst- und Arterhaltung.

Das Zwischenhirn

ist das zweite Gehirn. Hier wird über die **Gegenwart** verfügt, über blitzschnelle Reaktionen, Emotionen, Angst, Aggressionen und Selbstbehauptung.

Das Großhirn

ist das dritte und jüngste Gehirn. Es verfügt über die **Zukunft**, die Möglichkeit des Planens, der Abstraktion, der Logik, des Selbstbewußtseins und der Individualität.

Diese drei Gehirne sind selbständige, eigenwillige Organe, die bei ihrem notwendigen Zusammenwirken oft in Widerstreit miteinander stehen. Hieraus erklären sich so manche Komplikationen und Widersprüche im menschlichen Verhalten.

Darin liegt aber auch der Schlüssel zur Individualität jedes Menschen. Bei Menschen arbeiten zwar die drei Gehirne zusammen, nicht aber in anteilsmäßig ausgeglichener Weise. Bei dem einen überwiegt das eine Gehirn, beim anderen das andere und so fort.

Dieses unterschiedliche Gewicht im Zusammenspiel, welches zumindest beim Erwachsenen i. d. R. unveränderlich ist und damit die Persönlichkeit in ihrer individuellen Eigenart kennzeichnet, wird durch das Struktogramm ermittelt und sichtbar gemacht.

Eine Selbstanalyse mit dem Struktogramm kann jedoch nicht aus Büchern entnommen werden. Dies ist nur in Seminaren und unter Anleitung speziell ausgebildeter Trainer möglich. Eine Kontaktadresse hierfür finden Sie im Anhang.

4. Das Beratungsgespräch

Trotz der hier gegebenen Hinweise und der vielfältigen Literatur zu diesem Themenkomplex, insbesondere auch über Persönlichkeitsanalysen und -tests, werden sicherlich einige von Ihnen Schwierigkeiten bei der Einschätzung der eigenen Persönlichkeit haben. In diesem Falle sollten Sie sich nicht scheuen, eine Karriereberatung für den beruflichen Bereich oder einen Psychologen für den privaten Bereich in Anspruch zu nehmen.

(1) Psychologen

Nutzen Sie die Kenntnisse und Erfahrungen der Psychologen für Ihre private Lebensgestaltung. Vielfach werden Psychologen erst dann zu Rate gezogen, wenn bereits ernsthafte psychische Beschwerden vorliegen. Dies ließe sich jedoch oftmals vermeiden, wenn man bereits frühzeitig eine vorbeugende Beratung nutzen würde. Hierbei geht es nicht um irgendwelche psychischen Behandlungen, sondern um die sinnerfüllte Gestaltung des Lebens.

(2) Karriereberatung

Was für den privaten Lebensbereich sinnvoll ist, gilt auch für den beruflichen Bereich. Auch hier kann eine Beratung bei erfahrenen Personalberatern nur Vorteile bringen. Diese wissen aufgrund ihrer vielfältigen Beratungsleistungen, welche Schritte von Ihnen zu unternehmen sind, wo Sie an sich arbeiten müssen usw.

Zusammenfassung Kapitel 3

① **Bestimmen Sie Ihren beruflichen und privaten Standort.**

② **Wie sehen Sie sich selbst, wie die anderen?**

③ **Stellen Sie Ihre Stärken fest.**

④ **Stellen Sie Ihre Schwächen fest.**

⑤ **Wie sehen Ihre Persönlichkeitsfaktoren aus?**

⑥ **Nutzen Sie – wenn erforderlich – Psychologen für den privaten Bereich.**

⑦ **Nutzen Sie Personalberater für den beruflichen Bereich.**

Kapitel 4: Die Vorgabe und Verwirklichung von Zielen

Überall lauern Wegweiser.
Das Ziel mußt Du selber kennen.

WERNER HORAND

1. Die Bestimmung von Zielen

Bevor Ziele verfolgt und erreicht werden können, muß eine **Analyse** möglicher Ziele durchgeführt werden. Wenn das eigene Leben insgesamt sinnvoll und erfolgreich, beruflich wie privat, sein soll, kann dies nur aufgrund einer konzeptionellen Vorgabe (Lebenskonzept) erfolgen. Eine derartige konzeptionelle Vorgabe ist jedoch nichts anderes als eindeutig formulierte Zielvorstellungen.

Nur wenn Sie sich Lebensziele setzen, werden Sie in der Lage sein, unbeirrt und unter optimaler Ausnutzung Ihrer Fähigkeiten Ihre Wünsche (und nichts anderes sind Ziele ja) zu verwirklichen. Nur wenn Sie Ihr gesamtes Bewußtsein darauf ausrichten, werden Sie Ihre gesamten Kräfte (auch die unbewußten) automatisch für die **Zielverwirklichung** nutzen können.

Die ersten Schritte sehen dabei wie folgt aus:

A) Was will ich erreichen?

1. **Welche konkreten Ziele will ich erreichen?**

   Notieren Sie sich alle Ziele, die Sie erreichen wollen. Lassen Sie dabei den Zeitfaktor unberücksichtigt.

Streichen Sie Ziele nicht, weil Sie Ihnen unerreichbar erscheinen.
Konkretisieren Sie zum Schluß Ihre Ziele soweit dies derzeit möglich ist.
Stellen Sie Ihre Ziele in einer Auflistung zusammen.

2. **Was ist zur Erreichung meiner Ziele wichtig?**

   Notieren Sie jeweils zu den einzelnen Zielen, welche
   - Aktionsschritte notwendig,
   - Maßnahmen durchzuführen und
   - Hauptaufgaben erforderlich sind.

   (Sie können hierfür die am Schluß dieses Abschnittes abgebildete Liste verwenden bzw. für Ihre Zwecke umarbeiten.)

3. **Welche (Teil-)Ergebnisse will ich bis wann erreicht haben?**

   Ein(e) Ziel(vorgabe) ist nur dann sinnvoll, wenn Sie sich auch einen zeitlichen Rahmen setzen.
   Komplexe Ziele sollten Sie in Teilzeile unterteilen.
   Für die Teilziele sind ebenfalls zeitliche Vorgaben zu erstellen (das Erreichen von Teilzielen motiviert enorm).

B) Was muß ich tun und wie mache ich es?

1. Mit welchen Schritten beginne ich?
2. Welche Mittel (materieller, ideeller Art) sind zur Erreichung des Zieles erforderlich?
3. Erstellung einer detailierten Zeitplanung mit Anfangs- und Endterminen.
4. Kann ich das Ziel allein erreichen oder in welchem Ausmaß benötige ich Hilfe?

5. Sind bereits jetzt besondere Schwierigkeiten zu erwarten?

Grundsätzlich lassen sich dabei die zwei Arten von Zielen unterscheiden:

- private Ziele,
- berufliche Ziele.

(1) Private Ziele

Ganz wesentlich und wichtig für Sie selbst sind in erster Linie die privaten Ziele Ihres Lebens. So verschieden die Menschen sind, so verschieden sind auch die privaten Ziele, die sie sich setzen.

Beispiele für private Lebensziele sind u. a.:

- *eine Familie mit x Kindern*
- *eine bestimmte Ausbildung*
- *eine Villa*
- *ein bestimmtes Vermögen*
- *ein bestimmtes Auto*
- *jedes Jahr eine Urlaubsreise*
- *ein bestimmtes Hobby*
- *eine Weltumsegelung*
- *einmal ein Formel-1-Rennen fahren*

Diese Aufzählung läßt sich ohne Mühe endlos verlängern. Wesentlich ist, daß Sie sich Gedanken über Ihre Lebensziele machen und — ganz wichtig — diese notieren. Notfalls bilden Sie zu den einzelnen Zielen Unterziele. Ermitteln Sie die einzelnen Schritte und Maßnahmen, die Sie zu deren Erreichung durchführen müssen, und — ebenfalls ganz wichtig — legen Sie die Zeit fest, bis wann Sie diese Ziele erreicht haben wollen.

(2) Berufliche Ziele

Jeder Mensch hat einen Beruf, sei es nun Handwerker, Angestellter, Hausfrau, König usw. Da der Beruf einen wesentlichen Teil Ihrer täglichen Zeit beansprucht, müssen Sie sich auch hier Ziele setzen. So verschieden die Menschen sind, so verschieden sind auch die beruflichen Ziele, die sie haben.

Beispiel:

Zwei Maurer bilden sich weiter und legen die Meisterprüfung ab. Während das Ziel des ersten Maurers die Gründung eines eigenen Bauunternehmens ist, will der zweite Maurer lieber als Angestellter in einem Bauunternehmen eine Funktion als Bauleiter übernehmen.

Beispiele für berufliche Ziele sind u. a.:

- *eine bestimmte Ausbildung*
- *eine Fortbildung*
- *die Übernahme einer bestimmten Funktion*
- *die Erzielung eines bestimmten Umsatzes*
- *die Senkung der Kosten um einen bestimmten Prozentsatz*
- *die Gründung eines eigenen Unternehmens*
- *Sicherung und Ausbau des Marktanteils.*

Auch diese Aufzählung läßt sich ohne Mühe verlängern. Wesentlich ist auch hier, daß Sie sich Gedanken über Ihre beruflichen Ziele machen und — wie bereits bei den privaten Zielen — diese aufschreiben, notfalls Unterziele bilden, Aktionsschritte und Maßnahmen ermitteln und den Zeitrahmen festlegen, in dem Sie diese (Unter-)Ziele erreicht haben wollen.

Die folgende Abbildung zeigt ein Formular einer Zielanalyse. Diesen Formularrahmen können Sie für Ihre persönlichen Gegebenheiten abändern.

Zieldefinition	Hilfsgrößen	Zeitvorgabe
A. PRIVATE Ziele		
1. Lebensziel	Aktionen und Teilschritte	
2. Wunschziele	Maßnahmen	
3. andere persönliche Ziele	Maßnahmen	
B. BERUFLICHE ZIELE		
1. Karriereziele	Teilschritte	
2. Berufsziele	Maßnahmen	
3. Stellenziele	Hauptaufgaben	
4. Bildungsziele	Maßnahmen	

Abb. 5 *Formularrahmen einer Zielanalyse*

Die vielfältig möglichen Ziele privater und beruflicher Art müssen Sie dabei zeitlich fixieren.

Unterscheiden Sie bitte bei Ihrer Zielsetzung Ziele mit:

(1) langfristiger Ausrichtung

Dies sind alle Ihre Ziele, die Sie in Zeiträumen von **fünf oder mehr Jahren** erreicht haben wollen.

Beispiele:

- *Geschäftsführer eines Unternehmens*
- *Ferienhaus an der Nordseeküste*

(2) mittelfristiger Ausrichtung

Dies sind alle Ihre Ziele, die Sie in einem Zeitraum von **ein bis fünf Jahren** erreicht haben wollen. Unter Umständen sind mittelfristige Ziele bereits Teilziele von langfristigen Zielen.

Beispiele:

- *Prokurist eines Unternehmens*
- *Bau eines Einfamilienhauses*

(3) kurzfristiger Ausrichtung

Dies sind alle Ihre Ziele, die Sie in einem Zeitraum **bis zu einem Jahr** erreicht haben wollen. Neben wirklichen kurzfristigen Zielen handelt es sich hierbei um eine Vielzahl von Teilzielen mittel- und langfristiger Zielsetzungen.

Beispiele:

- *Abteilungsleiter eines Unternehmens*
- *Kauf eines Baugrundstückes*

Beachten Sie dabei das Pareto-Prinzip

Im 19. Jahrhundert hat der Italiener V. Pareto ein nach ihm benanntes Prinzip entwickelt, die **80:20-Regel**. Er wies damals aufgrund statistischer Untersuchungen nach, daß 20% der Bevölkerung 80% des Volksvermögens besaßen. Die Gültigkeit dieser Regel konnte auch in vielen anderen Bereichen festgestellt werden. Für die **Zielsetzung** bedeutet dies, daß 80% der Ergebnisse in 20% der aufgewendeten Zeit erzielt werden.

Beispiele:

- *20% der Besuchszeit bringt 80% des Besucherfolges*
- *20% der Kunden bringen 80% des Umsatzes*
- *20% der Produktionsfehler ergeben 80% des Ausschusses*

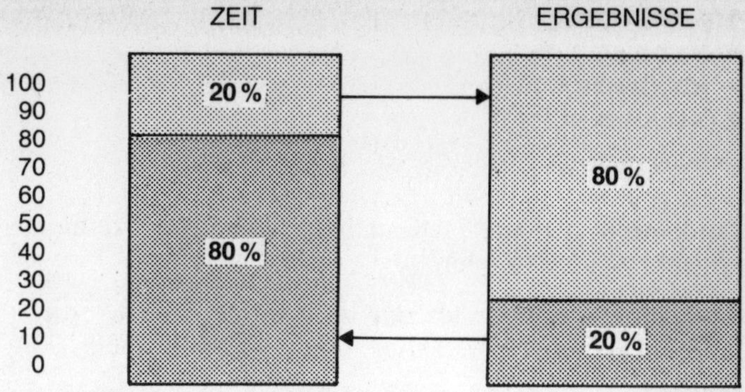

Abb. 6 *Pareto-Prinzip (Zeitbezug)*

2. Die Zielumsetzung

Nachdem Sie sich Zeit genommen haben, sich Gedanken über Ihre privaten und beruflichen Ziele zu machen und diese Zielsetzungen auch schriftlich notiert haben, haben Sie bereits einen wesentlichen Schritt zur Zielerreichung hinter sich gebracht.

Nun kommt es darauf an, Ihre ganze Kraft auf die kurzfristigen Ziele und Teilziele zu konzentrieren. Alles, was Sie von der Erreichung dieser Ziele abhält, sollten Sie unterlassen.

Wesentlich für die Zielumsetzung ist es, daß Ihnen Ihre Ziele in »Fleisch und Blut« übergehen, d.h. in Ihrem Unterbewußtsein verankert werden. Hierzu sollten Sie sich — zu Anfang täglich, aber auch später immer wieder — Ihre schriftliche Zielfixierung durchlesen und gedanklich verarbeiten.

Bedenken Sie aber, daß Sie Ihre Kräfte konzentrieren. Versuchen Sie also nicht, zu viele Ziele auf einmal erreichen zu wollen. Bei Ihrem persönlichen Zielsystem sollten Sie deshalb berücksichtigen, daß Ziele:

- **kompatibel,**
- **komplementär,**
- **indifferent und**
- **konkurrent**

sein können.

Kompatibel bedeutet, daß mehrere Ziele gleichzeitig angestrebt werden können.

Komplementär bedeutet, daß die Erreichung eines Zieles automatisch die Erreichung eines anderen Zieles einschließt.

Indifferent bedeutet, daß die Verfolgung eines Zieles keinen Einfluß auf die Erreichung eines anderen Zieles hat. Dies ist allerdings selten, weil die Ziele i. d. R. interdependent sind, d.h. jedes Ziel hat mehr oder weniger Auswirkungen auf eines oder mehrere andere Ziele.

Konkurrent bedeutet, daß ein Ziel nur zu Lasten eines anderen Zieles erreicht werden kann, ohne jedoch das andere Ziel ganz auszuschließen. Sind in Ihrem Zielsystem derartige Ziele enthalten, so müssen Sie Prioritäten setzen.

Vermeiden Sie möglichst innerhalb Ihres persönlichen Zielsystems Zielkonflikte.

3. Die Zielkontrolle

Es kann durchaus vorkommen, daß Sie ein oder mehrere Ihrer Ziele nicht erreichen können, weil unvorhergesehene Tatbestände eintreten.

Beispiel:

Sie erben 10 Millionen DM. Damit werden u. U. eine Reihe Ihrer Ziele unwichtig.
Oder, was hoffentlich nicht eintritt: Sie werden arbeitsunfähig, so daß Sie Ihre Ziele nicht mehr erreichen können.

Abgesehen von diesen oder ähnlichen Gegebenheiten können Sie i. d. R. Ihre Ziele erreichen. Denn ein bekanntes Sprichwort sagt bereits:

»Wo ein Wille ist, da ist auch ein Weg!«

Voraussetzung ist jedoch, daß Sie sich realistische Ziele gesetzt haben und die Zielumsetzung ständig kontrollieren. Diese Zielkontrolle hat zwei Auswirkungen. Zum einen den Motivationsaspekt, denn erreichte Ziele sind Ansporn bei der Verwirklichung der weiteren Ziele innerhalb des Zielsystems. Zum anderen erlaubt die fortlaufende Zielkontrolle die Beurteilung, ob die Kräfte konzentriert genug eingesetzt werden oder ob zusätzliche Anstrengungen, Maßnahmen und Aktionen durchgeführt werden müssen.

Zusammenfassung Kapitel 4

① **Entwickeln Sie Ihr Lebenskonzept.**

② **Denken Sie darüber nach, was Sie erreichen wollen.**

③ **Stellen Sie fest, was Sie tun müssen.**

④ **Analysieren Sie Ihre Ziele.**

⑤ **Definieren Sie Ihre Ziele.**

⑥ **Beachten Sie das Pareto-Prinzip.**

⑦ **Legen Sie die Zieldauer fest.**

⑧ **Verzetteln Sie sich nicht bei der Zielumsetzung.**

⑨ **Kontrollieren Sie die Erreichung Ihrer Ziele.**

⑩ **Wo ein Wille ist, ist auch ein Weg.**

Kapitel 5: Planung und Zeit-Management

Jede Aktivität, die Sie vollziehen, sollten Sie vorher planen, soweit diese im beruflichen oder im offiziellen privaten Bereich liegt. Im privaten Bereich sollten Sie nach Möglichkeit keine oder allenfalls eine grobe Planung durchführen. Zwei wesentliche Planungsschritte sollten Sie dabei einhalten:

(1) Die gedankliche Planung

Grundsätzlich sollten Sie alle Ihre Aktivitäten zuerst einmal gedanklich planen, d.h. im »Geiste« durchspielen. Hierbei können Sie dann auch einmal »verrückten Ideen« freien Lauf lassen. Anschließend können Sie die gedanklichen Planungen grob bewerten und eine Auswahl treffen.

Planen Sie jedoch nie **nur** gedanklich, sondern machen Sie auch den zweiten Schritt:

(2) Die schriftliche Planung

Die schriftliche Planung hat folgende Vorteile:

1. Sie planen gezielter und detaillierter.
2. Sie vergessen (i. d. R.) nichts — Sie vergessen allerdings wahrscheinlich alles, was Sie nicht notiert haben.
3. Sie haben eine bessere Zeiteinschätzung, und bei der Tagesplanung berücksichtigen Sie Pufferzeiten.
4. Sie haben eine bessere und sichere Planungskontrolle.
5. Sie können ein Archiv anlegen und so den Nachweis über Ihre Aktivitäten führen.

Die wesentlichsten Planungsarbeiten, insbesondere soweit sie Sie betreffen, werden Sie allein durchführen. Soll Ihre Planungstätigkeit sinnvoll und rationell sein, so müssen Sie diese konsequent durchführen und sich zumindest anfangs täglich dazu zwingen. Nach einer gewissen Zeit geht Ihnen dies in »Fleisch und Blut« über.

Bestimmte Tätigkeiten und Aufgaben können Sie jedoch nicht allein planen. Hier müssen Sie sich mit Mitarbeitern, Vorgesetzten, Untergebenen usw. zusammensetzen und sich abstimmen.

Natürlich können bei der Planung auch Fehler unterlaufen. Dies sind vor allem:

(1) Falschplanung

Bei der Falschplanung haben Sie entweder die Ausgangssituation, die Nebenbedingungen oder andere Daten und Faktoren nicht in ausreichender Zahl zur Verfügung gehabt oder aber falsch eingeschätzt oder bewertet.

(2) Zuviel Planung

Planung, dies ist keine Frage, ist notwendig. Sie können es aber auch übertreiben. Auch bei der Planung gilt das Aufwand-/Nutzen-Prinzip. Man kann nicht alles vorausplanen. Es wird immer Einflußfaktoren geben, die unerwartet auftreten. Diese Faktoren nehmen zu, je weiter die Planung in die Zukunft gerichtet ist.
Verplanen Sie also nicht den ganzen Tag, lassen Sie Pufferzeiten frei.

(3) Zuwenig Planung

Dieser Fehler dürfte nach dem Lesen dieses Kapitels eigentlich nicht mehr auftauchen. Zuwenig oder keine Planung bedeutet Chaos. Das Chaos kann man nicht optimieren. Im Chaos kann man nur untergehen, es sei denn, Sie verfahren nach folgender (scherzhafter) Regel:

Lieber ein ordentliches Chaos,
als eine chaotische Ordnung.

1. Wie man erfolgreiche Planung organisiert

Die vorausschauende Planung Ihrer beruflichen und privaten Tätigkeiten kostet natürlich Zeit. Dies gilt vor allem dann, wenn Sie bisher eine derartige Planung nicht durchgeführt haben. Trotzdem ist diese Zeit nicht vergeudet. Sie erhalten durch Rationalisierung und Optimierung um ein Vielfaches zurück.

Die Tätigkeitsplanung erfolgt in mehreren Stufen:
- Jahresplanung
- Monatsplanung
- Wochenplanung
- Tagesplanung
- Projektplanung

Während die Jahresplanung noch sehr grob umrissen ist, verfeinert sich die Tätigkeitsplanung mit der Monats- und Wochenplanung und endet in einer umfassenden Tagesplanung. Die Projektplanung ist zeitraumunabhängig.

Diese Planungstätigkeit können Sie manuell (siehe hierzu Kapitel 8: Zeitplanbücher) oder mit einem Computer, idealerweise mit einer Kombination aus beidem, durchführen.

(1) Die Jahresplanung

Eine Jahresplanung basiert auf einer groben Schätzung. Orientieren sollten Sie sich hierbei an Ihren Zielen sowie den Aufgaben, die Sie in Ihrer Funktion (beruflich/privat) haben. Diesen Plan erstellen Sie i. d. R. im Dezember des Vorjahres. Sie tragen die bereits feststehenden Termine, Aufgaben und Arbeiten ein. Sie sollten möglichst nicht mehr als 50% der zur Verfügung stehenden Zeit bereits im Jahresplan verplanen. Für die Erstellung des Jahresplanes benötigen Sie etwa drei bis vier Stunden. Jeden Monat sollten Sie den restlichen Jahresplan überprüfen und entsprechend notwendig gewordene Korrekturen vornehmen.

(2) Die Monatsplanung

Der Monatsplan wird aus dem Jahresplan abgeleitet. Der Monatsplan wird jeweils für den folgenden Monat erstellt. Diesen Plan erstellen Sie i. d. R. am Ende des Vormonats. Sie tragen die bereits feststehenden Termine, Aufgaben und Arbeiten aus dem Jahresplan sowie die neu hinzugekommenen ein. Sie sollten möglichst nicht mehr als 60% der zur Verfügung stehenden Zeit im Monatsplan verplanen. Für die Erstellung des Monatsplanes benötigen Sie etwa 15 bis 20 Minuten. Jede Woche sollten Sie den restlichen Monatsplan überprüfen und entsprechend notwendig gewordene Korrekturen vornehmen.

(3) Die Wochenplanung

Aus dem Monatsplan entwickeln Sie den Wochenplan. Diesen Plan erstellen Sie i. d. R. am Ende der Vorwoche. Sie tragen die bereits feststehenden Termine, Aufgaben und Arbeiten aus dem Monatsplan sowie die neu hinzugekommenen ein. Sie sollten möglichst nicht mehr als 70% der zur Verfügung stehenden Zeit im Wochenplan verplanen. Für die Erstellung des Wochenplanes benötigen Sie etwa fünf bis zehn Minuten. Jeden Tag sollten Sie den restlichen Wochenplan überprüfen und entsprechend notwendig gewordene Korrekturen vornehmen.

Wochenplan

Wochenplan von: / bis / 19

Woche Nr.:

Monat:

Tag		Termine	OK			Kontakt/Aufgabe	OK
Mo.							
Di.							
Mi.							
Do.							
Fr.							
Sa.							
So.							

 1103

Abb. 7 *Formular Wochenplan* (Quelle: Time/system Deutschland GmbH)

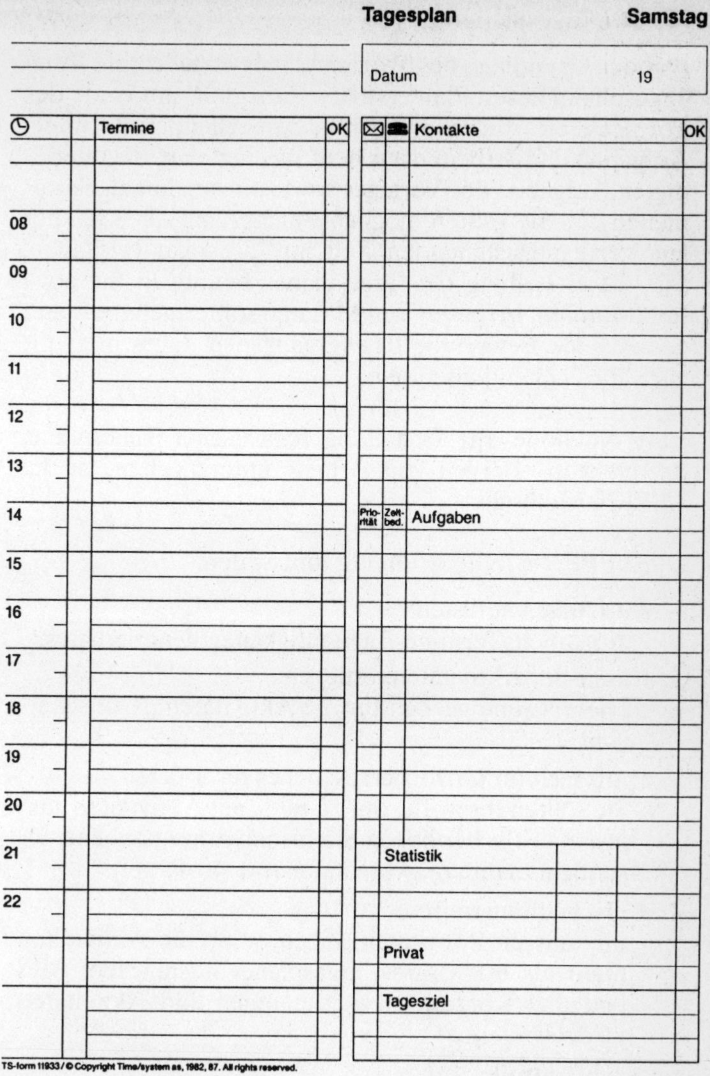
Tagesplan **Samstag**

Datum 19

Termine	OK
08	
09	
10	
11	
12	
13	
14	
15	
16	
17	
18	
19	
20	
21	
22	

Kontakte OK

Prio-rität Zeit-bed. Aufgaben

Statistik

Privat

Tagesziel

Abb. 8 *Formular Tagesplan* (Quelle: Time/system Deutschland GmbH)

(4) Die Tagesplanung

Auf der Grundlage des Wochenplanes erstellen Sie Ihren Tagesplan. Diesen Plan erstellen Sie i. d. R. am Ende des Vortages. Sie tragen die bereits feststehenden Termine, Aufgaben und Arbeiten aus dem Wochenplan, die unerledigten Aufgaben des Vortages sowie die neu hinzugekommenen ein. Sie sollten möglichst nicht mehr als 85% der zur Verfügung stehenden Zeit im Tagesplan verplanen. Für die Erstellung des Tagesplanes benötigen Sie etwa fünf Minuten. In diesen fünf Minuten sollte auch die kurze gedankliche Bewertung des vergangenen Tages in zeitlicher Hinsicht enthalten sein.

Eine Methode zur Erstellung realistischer Tagespläne, um nicht in »Bergen von Arbeit« unterzugehen, ist die **ALPEN-Methode.**

Die ALPEN-Methode umfaßt fünf Stufen:

1. **A**ktivitäten auflisten:
   Aufgaben, Termine, Tagestätigkeiten, Unerledigtes.
2. **L**änge der Aktivitäten festlegen:
   Die notwendige Zeit für die Aktivitäten ist zu schätzen.
3. **P**ufferzeit für Unvorhergesehenes reservieren:
   Sie sollten Ihren Tag nur zu 60% mit Aktivitäten auslasten, 40% benötigen Sie für unvorhergesehene, also nicht planbare, Aktivitäten (60:40-Regel).
4. **E**ntscheidung treffen:
   Sie müssen Prioritäten setzen, wenn die Aktivitäten mehr als 60% Ihres Tagesplanes ausmachen. Dies bedeutet Kürzungen vorzunehmen und Aktivitäten zu delegieren.
5. **N**achkontrolle
   Am Ende eines Tages sollten Sie die Erfüllung des Tagesplanes kontrollieren. Wenn Aktivitäten nicht

Titel:

Heutiges Datum:

Vorgesehener Endtermin:

Projekt-Planung/ Aufgaben-Steuerung

Beschreibung des Projektes:	
Ziel und beabsichtigte Resultate:	

Priorität A	B	C	Beschreibung der Teilaufgabe	Zeitaufw.	Delegiert an	Beginn	Kontroll Termin	Fertig bis	OK

Abb. 9 *Formular Projekt-Planung/Aufgaben-Steuerung*

(Quelle: Time/system Deutschland GmbH)

erledigt wurden, überlegen Sie warum, und übertragen Sie Unerledigtes.

(5) Die Projektplanung

Neben der zeitlich abgestuften Planung sollten Sie umfangreiche Projekte gesondert planen.

Bei der **Projektplanung** können Sie wie folgt vorgehen:

1. Globale Beschreibung des Projektes
2. Festlegung von Zielen und Resultaten
3. Festlegung von Anfangs- und Endtermin
4. Zergliederung des Projektes in Teilaufgaben
5. Bewertung der Teilaufgaben nach A-B-C
6. Schätzung des Zeitaufwandes
7. Delegation von C- und (wenn möglich) B-Teilaufgaben
8. Festlegung der Anfangs- und Endtermine der Teilaufgaben
9. Kontrolle der delegierten Teilaufgabenerfüllung

2. Zeit ist mehr als Geld

Wer die Zeit nicht managen kann,
kann gar nichts managen.

PETER DRUCKER

Es gibt nichts Gerechteres als die Zeit. Jedem Menschen stehen täglich genau 24 Stunden zur Verfügung. Trotzdem benötigt der eine für eine bestimmte Aufgabe weniger Zeit als der andere, bzw. erledigt in derselben Zeit mehr. Woran liegt das? Hierzu eine kurze Geschichte:

Ein Mann zersägte einen Baumstamm und kam kaum voran. Eine Frau trat hinzu und bemerkte: »Ihre Säge ist stumpf, sie muß geschärft werden.« Darauf antwortete der Mann: »Dafür habe ich keine Zeit, ich muß sägen.«

Damit Sie nicht mit einer stumpfen Säge arbeiten müssen, ist eine realistische Zeitplanung notwendig. Sie ermöglicht Ihnen u.a.:

- Ihr Arbeitspensum mit geringerem Zeitaufwand zu bewältigen
- Überlastung und Streß zu vermeiden
- mehr Freizeit zu gewinnen
- gelassener und zufriedener zu leben
- berufliche und private Ziele schneller zu erreichen

a) Zeitfallen und wie man ihnen entgeht

Hüten Sie sich aber zugleich vor den sogenannten **Zeitfallen**. Einige wesentliche Zeitfallen lernen Sie nachfolgend kennen.

(1) Das Telefon

Ein wesentliches Mittel der Kommunikation in der heutigen Zeit ist das Telefon. Telefonieren spart Zeit. Diese Zeitersparnis wird jedoch häufig verschenkt, weil nicht rationell telefoniert wird. Zur rationellen Nutzung des Telefons sollten Sie dessen moderne Technik in Anspruch nehmen:

- **Wahlwiederholung**

  Die letzte Nummer wird gespeichert — zur erneuten Wahl genügt ein Tastendruck.

- **Freisprechen und/oder -hören**

  Sie können telefonieren, ohne den Hörer abzunehmen (nur mit einer speziellen Einrichtung möglich). Wenn Sie lediglich einen Lautsprecher haben, können Sie zumindest andere mithören lassen.

- **Speichern der Hauptpartner**

  Je nach Telefonmodell können Sie 10, 20 oder mehr Telefonnummern Ihrer ständigen Gesprächspartner speichern. Die Anwahl erfolgt dann über nur eine bzw. zwei Tasten.

- **interne Hauskonferenzen**

  Sie können innerhalb des Hauses mit mehreren Mitarbeitern gleichzeitig sprechen bzw. bei auswärtigen Gesprächen einen zusätzlichen Mitarbeiter zuschalten.

- **automatischer Rückruf**

  Wenn der Mitarbeiter, den Sie erreichen wollen, gerade spricht, wird nach Beendigung des Gesprächs automatisch eine Verbindung zwischen Ihrem und seinem Apparat hergestellt.

Abb. 10 *Moderne Telefonanlage*
mit Display, Direktruf, Freisprechen, Lauthören, Namentasten für 20 Rufnummern, Gebührenanzeige, Sperrschloß, Tonruf, Wahl bei aufliegendem Hörer, Stummschaltung, umschaltbarem Wahlverfahren und Wahlwiederholung

- **Rufumleitung**

  Wenn Sie in einen anderen Raum gehen, können Sie die Nummer dieses Anschlusses in Ihren Apparat eingeben. Jemand, der Sie erreichen will, wird automatisch weitergeleitet.

Eine weitere Möglichkeit im effizienten Umgang mit dem Telefon besteht in der Begrenzung der ankommenden Anrufe. Wesentliche Hilfen dabei sind:

- die **Zentrale**

  In die Zentrale sollten Sie keine Hilfskraft setzen. Der oder die Mitarbeiter(in) sollte über die Organisation und die Abläufe in Ihrem Unternehmen Bescheid wissen. Nur dann besteht die Möglichkeit, daß der externe Anrufer ohne Umwege direkt mit dem richtigen Gesprächspartner verbunden wird. Außerdem kann die Zentrale unliebsame Anrufer abblocken. Aber bedenken Sie dabei: Die Zentrale ist der erste Kontakt mit Ihrem Unternehmen. Wird hier der Anrufer verärgert, verlieren Sie womöglich einen Kunden, ohne es zu wissen. Schulen Sie deshalb unbedingt das Personal in Ihrer Zentrale.

- das **Sekretariat**

  Verfügen Sie über ein Sekretariat, so kann dieses bereits die Anrufe in wichtige und unwichtige trennen. Dies ist allerdings nur möglich, wenn das Sekretariat über umfassende Kenntnisse Ihres Aufgabenbereiches verfügt.

- der **Anrufbeantworter**

  Der Anrufbeantworter ist für alle Unternehmen (vom Ein-Mann-Unternehmen bis zum Großbetrieb) eine sinnvolle Einrichtung. Ihr Unternehmen ist erreichbar, während Sie sich vom Telefon unabhängig machen können. Den Anrufbeantworter sollten Sie nicht nur einschalten, wenn Sie oder kein Mitarbeiter mehr im

Unternehmen ist, sondern auch dann, wenn Sie ungestört arbeiten wollen.

- Sie **selbst**

  Falls Sie keine vorgeschaltete Stelle haben, lehnen Sie ein Gespräch einfach ab, wenn der Anrufer oder der Zweck des Anrufes für Sie unklar ist. Insbesondere mit Telefonverkäufern sollten Sie grundsätzlich nicht sprechen. Legen Sie Zeiten fest, an denen Sie kein Gespräch annehmen möchten. Wenn Sie gerade mit einer wichtigen (A-Aufgabe) beschäftigt sind, blockieren Sie Ihr Telefon oder sagen Sie dem Anrufer einfach, daß Sie zurückrufen.

Weitere **Hilfsmaßnahmen** sind:

- Stellen Sie das Telefon außerhalb Ihrer direkten Reichweite, damit Sie nicht sofort zugreifen können.
- Eine Uhr (mit Sekundenanzeige oder eine Sanduhr), die Sie neben das Telefon stellen.
- Benutzen Sie unbedingt Telefonnotizformulare.

(2) Besprechungen

Jeder nimmt immer wieder an irgendwelchen Besprechungen teil. Je öfter Sie an Besprechungen teilnehmen, desto wichtiger ist es, den Ablauf zu rationalisieren. Zugegebenermaßen haben Sie mehr Einfluß auf den Ablauf der Besprechungen, wenn Sie der Leiter sind, scheuen Sie sich jedoch auch als »einfacher« Teilnehmer an Besprechungen nicht, sinnloses »Gefasel« zu unterbinden. Wie bereits gesagt, ist es einfacher, wenn Sie die Besprechung leiten. Im beruflichen Bereich ist folgendes sehr wirksam:

Meine Damen und Herren! Wir sind sechs gutbezahlte Mitarbeiter dieses Unternehmens. Jede Minute unseres Hierseins kostet das Unternehmen 20 DM. Lassen Sie uns das Geld des Unternehmens nicht verschwenden!

Unabhängig davon, ob es sich um eine private oder berufliche Besprechung handelt, sollten Sie folgendermaßen vorgehen:

Überlegungen und Tätigkeiten **vor** der Besprechung:

1. Ist die Besprechung unbedingt erforderlich?
2. Bieten sich Alternativen an (z.B. Telefonkonferenz innerhalb des Hauses)?
3. Falls die Besprechung notwendig ist: Muß ich selbst daran teilnehmen oder kann mich jemand vertreten?
4. Begrenzen Sie unbedingt die Teilnehmerzahl und die Dauer der Besprechung.
5. Wählen Sie einen geeigneten Zeitraum und Ort.
6. Vergessen Sie nicht die notwendigen Hilfsmittel (Overhead-Projektor, Flip-Chart etc.).
7. Legen Sie Ziele für die einzelnen Punkte der Tagesordnung fest und begrenzen Sie diese zeitlich.
8. Laden Sie rechtzeitig ein und geben Sie den Teilnehmern durch die Tagesordnung die Möglichkeit einer ausreichenden Vorbereitung.

Überlegungen und Tätigkeiten **während** der Besprechung:

1. Seien Sie rechtzeitig da. Beginnen Sie zur festgelegten Zeit. Lassen Sie kein »akademisches Viertel« zu.
2. Legen Sie Verhaltensweisen für den Ablauf fest (z.B. Rederecht).
3. Kontrollieren Sie die Einhaltung der Zeiten für die einzelnen Tagesordnungspunkte.
4. Legen Sie fest, wer das Protokoll führt (Teilnehmer oder besser Außenstehender) und beschränken Sie die Protokollführung auf reine Beschluß- oder Ergebnisprotokolle.
5. Lassen Sie keine Unterbrechungen oder Störungen (sowohl von außen wie von innen) zu.

Besprechungsplan/ Checkliste

Datum: Uhrzeit:

Ort:

Thema:	Zielsetzung:
Teilnehmer:	Benötigte Unterlagen:

Nr.	Besprechungspunkte:	Beschlüsse/Ergebnisse/Massnahmen:	OK
	Sofort zu veranlassen:		

 1107

Abb. 11 *Formular Besprechungsplan/Checkliste*

(Quelle: Time/system GmbH Deutschland)

6. Orientieren Sie sich ausschließlich an der Zielsetzung der Besprechung. Lassen Sie keine Abschweifungen zu.
7. Leiten Sie zurückhaltend und beachten Sie kritische Punkte und Situationen.
8. Beenden Sie die Besprechung pünktlich zur vorgesehenen Zeit.

Überlegungen und Tätigkeiten **nach** der Besprechung:

1. Erstellen Sie einen Soll-/Istvergleich. Wie sollte die Besprechung ablaufen (Zielsetzung, Zeitrahmen etc.) und wie ist sie abgelaufen?
2. Lassen Sie das Protokoll erstellen. Prüfen Sie es. Reichen Sie es an die Teilnehmer weiter.
3. Merken Sie nicht erledigte Tagesordnungspunkte für die nächste Besprechung vor. Setzen Sie sie aber nur auf die Tagesordnung, wenn sie dann noch wichtig sind.

(3) Besuche

Bei den Besuchen, die Sie durchführen, sollten Sie zwischen privaten und beruflichen Besuchen unterscheiden. Bei den privaten wiederum gibt es offizielle und inoffizielle Besuche. Offizielle Besuche, z.B. als Vorstandsmitglied eines Vereins, einer Partei etc., sollten Sie wie die beruflichen Besuche managen. Inoffizielle Besuche dagegen sollten Sie möglichst frei gestalten. Sie sollten hier so wenig wie möglich planen, allenfalls auf das Ende des Besuches achten, wenn Sie anschließend oder am nächsten Morgen einen wichtigen Termin haben. Bei einer optimalen Terminplanung vereinbaren Sie allerdings besser keine wichtigen Termine nach inoffiziellen Besuchen.

Bei den geschäftlichen Terminen planen Sie bitte sorgfältig:

- **vor** dem Besuch

  Besuchen Sie nie einen Geschäftspartner ohne vorherige Terminvereinbarung. Dies ist verlorene Zeit, denn folgendes kann passieren: Ihr Partner ist nicht da. Oder Ihr Partner ist zwar da, aber nicht zu sprechen, weil er sich in einer Besprechung befindet oder aber Sie nicht sehen will, da Sie unangemeldet sind. Oder Ihr Partner ist höflich und läßt Sie zu sich. Dann haben Sie zwar keine Zeit verloren, aber wenn Sie Ihrem Partner nicht etwas ganz Tolles bieten können, wird er im Innersten verärgert sein. Damit ist der Erfolg des Besuches gleich Null und letztendlich die Zeit doch verloren. Deshalb noch einmal in Ihrem eigenen Interesse: Keinen Besuch ohne vorherige Terminvereinbarung.

  Planen Sie die Besuche und zwar inhaltlich und räumlich. Inhaltlich heißt, daß Sie wissen müssen, was das Ziel Ihres Besuches ist. Besuchen Sie also nicht »einfach so«, nur um einmal »Guten Tag« zu sagen. Räumlich heißt, daß Sie Besuche, die mit längeren Anfahrtswegen verbunden sind, möglichst mit weiteren Besuchen verbinden.

- **während** des Besuches

  Setzen Sie sich ein Zeitlimit. Nutzen Sie die Pufferzeit nur aus, wenn Ihr Gesprächspartner mehr Zeit als geplant beansprucht. Seien Sie jedoch flexibel. Brechen Sie ein Gespräch nicht abrupt ab. Machen Sie sich, wenn notwendig, Notizen.

- **nach** dem Besuch

  Üben Sie Manöverkritik. Haben Sie Ihr vorher gesetztes Ziel erreicht? Haben Sie Fehler gemacht? Waren Sie überzeugend genug? Stellen Sie sich diese und weitere Fragen. Halten Sie die Ergebnisse in einer Gesprächsnotiz fest, insbesondere auch die aufgrund dieses Besuches zu erledigenden Tätigkeiten.

Auch Besuche, die Sie erhalten, kosten Zeit, können Sie von der Arbeit abhalten. Deshalb verfahren Sie möglichst wie folgt:

- Sie sollten grundsätzlich (auch hier bestätigen allerdings die Ausnahmen die Regel) nur Besucher empfangen, die vorher einen Termin vereinbart hatten.
- Sie sollten grundsätzlich nur solche Termine vereinbaren, bei denen Sie für sich bzw. Ihr Unternehmen etwas Positives erwarten können.
- Sie sollten die Besuchstermine in eine für Sie günstige Zeit legen, denn in der Regel will der Besucher ja etwas von Ihnen.
- Sie sollten das Gespräch auf die geschäftlichen Belange begrenzen und Privates möglichst vermeiden. Allerdings wird Ihr Gesprächspartner (und Sie selbst ebenfalls, wenn Sie einen Besuch machen) versuchen, über private Themen einen positiven Gesprächseinstieg zu erreichen.
- Setzen Sie sich ein Zeitlimit. Nutzen Sie die Pufferzeit nur aus, wenn dies für Sie oder Ihr Unternehmen sinnvoll ist. Machen Sie sich, wenn notwendig, Notizen.
- Üben Sie Manöverkritik. Haben Sie Ihr vorher gesetztes Ziel erreicht? Haben Sie Fehler gemacht? Waren Sie überzeugend genug? Stellen Sie sich diese und weitere Fragen. Halten Sie die Ergebnisse in einer Gesprächsnotiz fest.

(4) Verkehrsmittel

Je nach Ihrer Tätigkeit und Funktion werden Sie mehr oder weniger auf Verkehrsmittel angewiesen sein. Die richtige Wahl des Verkehrsmittels ermöglicht Ihnen, Zeit zu sparen und Ihre Zeit sinnvoll zu nutzen.

Das in dieser Beziehung unwirtschaftlichste Verkehrsmittel ist das Auto. Sie können zwar aufgrund der modernen

Kommunikationstechnik (Autotelefon, portable Computer- und Telefaxgeräte) jederzeit erreichbar sein, aber selbst dann, wenn Sie während des Fahrens telefonieren oder diktieren (was in Ihrem eigenen gesundheitlichen Interesse nicht empfehlenswert ist), bedeutet dies keine optimale Zeitausnutzung. Sie sollten deshalb für sich selbst, aber möglichst auch für Ihre Mitarbeiter die PKW-Fahrzeiten vermindern.

Ist das Fahrzeug allerdings mit zwei Personen besetzt, so ist zumindest für eine Person die Zeit sinnvoll nutzbar. Dies gilt natürlich nicht für kurze Strecken bzw. Vertreter, die das Auto benötigen. Aber auch hier sollte man versuchen, die Fahrzeiten zu minimieren. Bei Kurzstrecken beispielsweise könnte man überlegen, ob ein Telefongespräch nicht ausreichend wäre.

Es bedarf hier keiner ausführlichen Erörterung, daß bei der Nutzung von Flugzeug oder Bahn oftmals nicht nur Zeit eingespart, sondern die benötigte Zeit auch noch sinnvoll eingesetzt werden kann.

(5) Postbearbeitung

Auch bei der Bearbeitung der Eingangspost gibt es eine Vielzahl von Gewohnheiten und Organisationsformen. Unabhängig davon, ob Sie nur einen Teil der Post erhalten (weil sie bereits von einer anderen Stelle vorsortiert wurde), oder in einem kleinen Unternehmen die gesamte eingehende Post durch Ihre Hände geht, Möglichkeiten zur rationellen Bearbeitung und damit zur Zeiteinsparung gibt es allemal. Auf folgende Punkte sollten Sie achten:

- Bearbeiten Sie die Eingangspost nach Möglichkeit zu einer bestimmten Zeit. Lassen Sie während dieser Zeit keine Besuche und möglichst auch keine Telefonate zu.
- Ordnen Sie die Post nach der Wichtigkeit. Benutzen Sie Sortierkörbchen (oder ähnliches) für Schriftstücke, die Sie nicht selbst bearbeiten müssen. Nutzen Sie intensiv

die Ablage »P«, Ihren Papierkorb (ein großer Teil der Post besteht aus unnützer Werbung). Zeitschriften, Zeitungen, Bücher und Kataloge sammeln Sie getrennt für eine spätere Durchsicht.

- Lesen Sie die Schriftstücke, die nicht in den Papierkorb gekommen sind, durch und machen Sie Randbemerkungen (bzw. Haftnotizen) und benutzen Sie einen Textmarker.
- Wichtige Schriftstücke sollten Sie sofort, das bedeutet, noch während der Postbearbeitung oder direkt anschließend bearbeiten und beantworten. Benutzen Sie hierfür ein Diktiergerät. In vielen Fällen können Sie ausführliche oder speziell für Sie entwickelte Kurznachricht-Formulare einsetzen bzw. Ihre Antwort direkt auf dem Schriftstück vermerken. In diesem Fall müssen Sie jedoch eine Kopie für sich anfertigen.
- Für Schriftstücke, die nicht sofort bearbeitet werden müssen oder können, verwenden Sie eine sogenannte Wiedervorlagemappe.

(6) Gewohnheiten

Jeder Mensch hat seine liebgewonnenen Gewohnheiten. Viele von ihnen kosten allerdings unnötig Zeit, insbesondere im beruflichen Bereich. Prüfen Sie doch einmal, ob Sie bei den nachfolgend aufgezählten Gewohnheiten einige wiedererkennen. Vielleicht fallen Ihnen aber noch ganz andere ein:

- alles selbstmachen
- zu genau (200prozentig) arbeiten
- ein übervoller Schreibtisch
- die Häufchen-Technik — hier ein Häufchen Akten, da ein Häufchen Schriftverkehr usw.
- Schwadronieren
- Unentschlossenheit

- alles wissen müssen
- ständig Zuspätkommen
- Zettelwirtschaft — hier ein Zettel, da ein Zettel, immer den richtigen suchen und der ist dann verloren gegangen
- Unangenehmes aufschieben und erst einmal darüber nachdenken
- erst einmal die Routinesachen erledigen.

b) Wie man eine Zeitanalyse erstellt und auswertet

Eine wesentliche Voraussetzung zur Zeitrationalisierung und -optimierung ist eine umfassende Analyse Ihrer **Zeitverwendung**. Diese Zeitanalyse beziehen Sie bitte auf ein Jahr.

Hierbei sind Sie natürlich auf Schätzungen angewiesen. Sie sollten zwar möglichst genau schätzen, es kommt jedoch dabei nicht auf die Minute an. Ermitteln Sie zuerst die jeweiligen **Istwerte**. In einem zweiten Durchgang notieren Sie die **Sollwerte**. Decken Sie dabei die Istwerte zu. Die nachfolgende Tabelle sollten Sie hierfür verwenden. Die einzelnen Tätigkeiten müssen Sie entsprechend Ihrer Situation eintragen. Die vorgegebenen Bereiche sollen Ihnen als »roter Faden« dienen.

Wenn Sie die Tabelle um eine A-B-C-Spalte (wie in der nachfolgenden Abbildung) erweitern, können Sie direkt (in einem dritten Durchgang) Ihre Tätigkeiten nach der Wichtigkeit bewerten.

Im Durchschnitt stehen Ihnen 250 Arbeitstage (365 minus Sonn- und Feiertage und Samstage) zur Verfügung. Als Faustregel für Ihre Schätzungen können Sie bei einem 8-Stunden-Tag zugrundelegen, daß eine Tätigkeit, für die Sie jeden Tag eine Stunde aufwenden, 30 Jahres-Arbeitstage ergeben usw.

Tätigkeit Art Bereich	Zeitschätzung Tage/Jahr		Wertigkeit		
	Ist	Soll	A	B	C
Gespräche und Kontakte mit – Kunden – Lieferanten – Mitarbeitern – Vorgesetzten – anderen Abteilungen – Sonstige					
Bildungsmaßnahmen: – eigene Mitarbeiter – Ausbildung – Sonstige					
Verwaltungsmaßnahmen: – Post – Telefon – Dienstfahrten – Dienstreisen – Sonstige					
Managementmaßnahmen: – Planung – Organisation – Kontrolle – Sonstiges					
Sonstige Maßnahmen: – Hilfstätigkeiten – Periodische und spezifische und feste Aufgaben – Sonstige					
Unproduktive Zeiten: – Wartezeiten – Störungen – Urlaub – Sonstige					
Summe Tage					
Verfügbare Tage ./.	250	250			
Fehl- (+) / Mehrtage (–)					
Aufspaltung Summe Tage in A					
B					
C					

Abb. 12 *Analyse der Zeitverwendung eines Jahres*

Nach der Erstellung der Tabelle analysieren Sie bitte:

a) Ergeben sich Fehl- oder Mehrtage? Es ist unwahrscheinlich, daß Sie in beiden Fällen (Soll/Ist) 250 Tage ermitteln.

b) Wenn Sie Fehltage haben, gehen Sie wie folgt vor:
   1. Überprüfen Sie noch einmal Ihre Schätzung.
   2. Bleibt es bei Fehltagen, notieren Sie, wie dies bisher von Ihnen verarbeitet wurde: Überstunden, Samstagsarbeit, weniger Urlaub, Arbeit zu Hause.

c) Wenn Sie Mehrtage haben (was unwahrscheinlich ist), gehen Sie wie folgt vor:
   1. Überprüfen Sie noch einmal Ihre Schätzung.
   2. Bleibt es bei Mehrtagen, notieren Sie, woran dies liegt.

d) Analysieren Sie die A-B-C-Spalte.
   1. Haben Sie genügend Zeit für die A-Aufgaben?
   2. Fehlen A-Aufgaben?
   3. Streichen, kürzen, delegieren Sie C-Aufgaben und in gewissem Umfang B-Aufgaben.

e) Zukunftsvorsatz:
   1. Was sollten Sie ändern?
   2. Notieren Sie sich dies und beachten Sie es täglich.
   3. Kontrollieren Sie die Umsetzung.

c) Zeit-Blockaden erkennen und meistern

Nachfolgend finden Sie eine Checkliste mit den 30 wesentlichsten **Zeit-Blockaden**. Kreuzen Sie mit Bleistift die sieben an, die Sie am meisten stören und stellen Sie sie ab. Wiederholen Sie dies in größeren Zeitabständen.

CHECKLISTE Zeitblockaden

- ☐ 1. verschwommene Ziele
- ☐ 2. fehlende Prioritäten
- ☐ 3. fehlende Tagesplanung
- ☐ 4. zuviel auf einmal
- ☐ 5. Schreibtisch zu voll
- ☐ 6. zuviel Lesestoff
- ☐ 7. untaugliches Ablagesystem
- ☐ 8. kein Wiedervorlagesystem
- ☐ 9. Zettelwirtschaft
- ☐ 10. fehlende Motivation
- ☐ 11. schlechte Koordination
- ☐ 12. zu viele und/oder zu lange Telefonate
- ☐ 13. Störungen durch Mitarbeiter ohne Terminabsprache
- ☐ 14. Störungen durch unangemeldete Besucher
- ☐ 15. lückenhafte Informationen
- ☐ 16. verspätete Informationen
- ☐ 17. zu viele unwesentliche Informationen
- ☐ 18. Wartezeiten, weil andere unpünktlich sind
- ☐ 19. Hektik
- ☐ 20. zu wenig Delegation von Verantwortung
- ☐ 21. fehlende Kontrolle von Mitarbeitern
- ☐ 22. zu lange Besprechungen
- ☐ 23. zu viele Besprechungen
- ☐ 24. alles muß man selber machen
- ☐ 25. Ablenkungen durch Lärm, Licht usw.
- ☐ 26. Verschieben von Tätigkeiten
- ☐ 27. nicht ausreichende Gesprächsvorbereitung
- ☐ 28. Unfähigkeit, wenn notwendig, Nein zu sagen
- ☐ 29. für alle da sein
- ☐ 30. zu viel Kleinkram

Zusammenfassung Kapitel 5

① **Vermeiden Sie Zeitfallen!**

② **Überprüfen Sie kritisch Ihre Gewohnheiten.**

③ **Analysieren Sie Ihr Zeitverhalten.**

④ **Bauen Sie Zeitblockaden ab.**

⑤ **Planen Sie Ihre Tätigkeiten.**

⑥ **Setzen Sie die Alpen-Methode ein.**

⑦ **Planen Sie schriftlich.**

⑧ **Planen Sie nicht zuviel, aber planen Sie auch nicht zuwenig.**

Kapitel 6: Effektivität und Selbstmanagement

Wer selbst arbeitet,
verliert die Übersicht.
Kroatisches Sprichwort

Effektive Arbeit zu leisten ist Ihnen nur möglich, wenn Sie sich auf das Wesentliche beschränken, nicht aber, wenn Sie im Kleinkram umkommen. Dies bedeutet allerdings nicht, daß Sie jede Detailarbeit ablehnen und dem Tagesgeschäft ade sagen sollen. Natürlich gehört auch das zu Ihrer Arbeit, und zwar je nach Funktion und Position mit einem mehr oder weniger großen Anteil.

Entscheidend für Ihre **Effektivität** ist es:

- **Prioritäten zu setzen,**
- **zu delegieren,**
- **geeignete Mitarbeiter zu finden**
- **und diese zu motivieren und zu fördern.**

Dies soll Ihnen nachfolgend verdeutlicht werden.

1. Prioritäten setzen

Viele Menschen machen zu viele Arbeiten gleichzeitig. Wenn Sie am Abend mit dem guten Gewissen nach Hause gehen, den ganzen Tag lang ununterbrochen gearbeitet zu haben, sich jedoch an nichts Wesentliches erinnern können, haben Sie den Tag verschenkt.

Noch schlimmer ist es, wenn Sie darüber hinaus noch feststellen müßten, daß Sie wesentliche Dinge gar nicht oder nicht vollständig erledigt haben. Hierdurch entsteht übrigens u. a. der gefürchtete Streß. Eine der Hauptursachen von Streß ist das Nichterledigen von wichtigen Dingen.

Dies alles können Sie vermeiden, wenn Sie **Prioritäten** setzen. Im einzelnen bedeutet dies:

1. Beschäftigung mit ausschließlich einer Aufgabe, diese aber konsequent und zielgerichtet.
2. Entscheidung über die Wertigkeit der zu erledigenden Aufgaben, wobei jeweils die höherwertigen Aufgaben zuerst erledigt werden müssen.

Die Vorteile dieses Verfahrens liegen auf der Hand. Es sind dies u. a.:

- Optimierung des Arbeitsablaufes
- Verbesserung der Arbeitsergebnisse
- Einhaltung — auch knapper — Termine
- Vermeidung unnötiger Konflikte
- positive Auswirkungen auf das Arbeitsklima
- Vermeidung oder zumindest Minimierung von Streß

Dies alles erreichen Sie durch die wertmäßige Beurteilung Ihrer Aufgaben. In Verbindung mit Ihrer Zeitplanung (siehe Kapitel 5) können Sie bereits am Vorabend bzw. zu Beginn Ihres Arbeitstages feststellen, welche Aufgaben an diesem Tag auf Sie zukommen. Wenn Sie diese Aufgaben dann bewerten, erreichen Sie automatisch, daß die Aspekte

- **Wichtigkeit**
- **Dringlichkeit**
- **Konsequenz**
- **Zielerreichung**
- **Zeitoptimierung**
- **Leistungsoptimierung**

Berücksichtigung finden.

2. Die ABC-Analyse

Das Problem vieler tätiger Menschen liegt darin, daß zu viel Zeit mit unwichtigen Dingen vertan wird, während zu wenig Zeit für die wirklich wichtigen Dinge verbleibt. Die nachfolgende Abbildung zeigt auf der Grundlage einer Untersuchung den absoluten und wertmäßigen Anteil der drei Aufgabenkategorien in der betrieblichen Praxis.

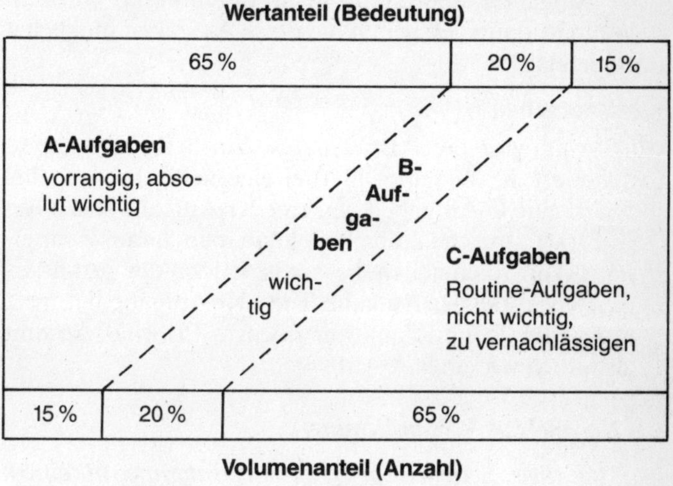

Abb. 13 *ABC-Analyse der Zeitverwendung*

Zur Verdeutlichung noch einmal die Klassifizierung der einzelnen Aufgaben:

- **A-Aufgaben**

  Bei den A-Aufgaben handelt es sich um absolut wichtige Aufgaben der von Ihnen ausgeübten Funktion. Diese Aufgaben sind vorrangig zu bearbeiten und **nicht** delegierbar. Dies gilt um so mehr, je höher Ihre hierarchische Einstufung ist.

- **B-Aufgaben**

  B-Aufgaben sind wichtig. Sie sind jedoch im Gegensatz zu den A-Aufgaben nicht vorrangig und durchaus delegierbar.

- **C-Aufgaben**

  C-Aufgaben müssen zwar erledigt werden, sie haben jedoch nur einen äußerst geringen Wert für die Funktionserfüllung. Überprüfen Sie gelegentlich, ob Sie diese Aufgaben überhaupt noch durchführen müssen. Wenn ja, dann versuchen Sie diese Aufgaben möglichst zu delegieren.

- **Kr-Aufgaben**

  Oftmals wird die ABC-Analyse zur ABCKr-Analyse erweitert. Kr bedeutet hierbei eine **kritische Aufgabe**. Selbst eine C-Aufgabe kann eine Kr-Aufgabe sein. Gibt es derart kritische Aufgaben, kann man daraus zwar eine A-Aufgabe machen, besser ist jedoch der gesonderte Ausweis als Kr-Aufgabe. Eine Kr-Aufgabe hat trotz möglicher Routinefunktion höchste Priorität, kommt also noch vor einer A-Aufgabe.

Ein Beispiel zur Verdeutlichung:

Die ständige Beobachtung einer Warnlampe in einem Kernkraftwerk ist eine reine Routineaufgabe. Wenn das Aufleuchten dieser Warnlampe allerdings einen Notfall signalisiert, handelt es sich um eine kritische Aufgabe.

3. Aufgaben delegieren

Die Orientierung in Ihrer Arbeit sollte nicht auf die Tätigkeit, sondern auf das **Ziel** ausgerichtet sein. Also sollten Sie das Hauptaugenmerk darauf richten, die richtigen Aufgaben und Tätigkeiten zu erledigen und nicht ausschließlich zu versuchen, Aufgaben und Tätigkeiten richtig zu erledigen.

Zur Verdeutlichung und damit wir uns richtig verstehen: Dies bedeutet nicht, daß Sie alles falsch machen dürfen. Dies bedeutet nur, daß Sie nicht krampfhaft versuchen, keine Fehler zu machen. Besinnen Sie sich darauf, welche Sachen, Aufgaben und Tätigkeiten richtig und damit wichtig für die Zielerreichung sind. Konzentrieren Sie sich auf das Wesentliche bei Ihrer Arbeit. Dies können Sie aber nur, wenn Sie eine ABC-Analyse erstellen. Möglichst viele der unwesentlichen, also nebensächlichen Aufgaben sollten Sie delegieren. Dazu mehr im nachfolgenden Kapitel.

Übrigens bedeutet das Delegieren von für Sie unwesentlichen und nebensächlichen Aufgaben und Tätigkeiten nicht, daß diese für Ihre Ihnen unterstellten Mitarbeiter unwesentlich sind. Dort können sie durchaus wesentlich sein.

Aufgaben und Tätigkeiten delegieren können Sie natürlich nur, wenn Sie jemanden haben, der Ihnen unterstellt ist. Dies gilt im privaten wie im beruflichen Bereich. Bei gleichberechtigten Partnern ist also keine Delegation möglich. Es kann allenfalls eine **Aufgabenteilung** vorgenommen werden.

Beispiel:

Bei einem berufstätigen Ehepaar kann niemand Hausarbeiten delegieren. Die Partner können sie sich allerdings untereinander aufteilen.

Grundsätzlich gilt: Delegieren ist eine **Führungsaufgabe**.

Leider gilt nicht automatisch der Umkehrschluß: Wer führt, delegiert.

Sie sollten sich allerdings darum bemühen, wenn Sie Führungsaufgaben übernehmen.

Die Delegation bringt beträchtlichen Nutzen und eine Reihe von Vorteilen. Und zwar nicht nur für den, der delegiert, sondern auch für die Mitarbeiter. Hierzu zählen für

- die Führungskraft
  - ein erheblicher Zeitgewinn und damit Raum für die Erledigung von A-Aufgaben;
  - die optimale Nutzung des speziellen Mitarbeiterpotentials (Kenntnisse, Fähigkeiten, Begabungen);
  - leistungsbereitere Mitarbeiter durch die Delegation von Aufgaben, Befugnissen und (ganz wichtig!) Verantwortung;

- die Mitarbeiter
  - die Arbeitszufriedenheit steigt durch verantwortungsvollere Tätigkeiten;
  - die berufliche Förderung und Entwicklung ist möglich;
  - das Wertgefühl steigt.

Zur Delegation gehören »nur« zwei Dinge:

Sie müssen delegieren **wollen**

und

Sie müssen delegieren **können**.

Wenn Sie **Selbstmanagement** betreiben wollen, und davon gehe ich aus, sonst hätten Sie sich dieses Buch nicht gekauft, müssen Sie auch delegieren wollen. Selbstmanagement ohne Delegation ist nicht vollkommen.

Delegieren zu können ist schon schwieriger. Aber wo ein Wille ist, da ist auch ein Weg, sagt ein Sprichwort. Wie in anderen Bereichen, hilft Ihnen auch beim Delegieren die Berücksichtigung der fünf W's.

WAS — WER — WARUM — WIE — WANN

Was	muß getan werden?
Wer	muß es tun?
Warum	muß er/sie es tun?
Wie	muß er/sie es tun?
Wann	muß er/sie es tun?

Dabei bezeichnet:

WAS	die zu erledigende Aufgabe,
WER	die Person, die die Aufgabe durchzuführen hat,
WARUM	das Ziel der Aufgabe,
WIE	die Tätigkeiten zur Aufgabenerfüllung und
WANN	den Zeitraum der Aufgabenerfüllung.

Für Ihre praktische Umsetzung noch vier Stichworte, die Sie beherzigen sollten. Wenn Sie bisher nicht oder nicht genügend delegiert haben, müssen Sie sich anfangs hierzu bewußt zwingen. Nach einiger Zeit werden Sie automatisch delegieren.

(1) Die Delegationsentscheidung

Bevor Sie eine Tätigkeit durchführen, fragen Sie sich selbst, ob Sie wirklich diese Tätigkeit persönlich durchführen müssen. Wenn Sie diese Frage nicht uneingeschränkt bejahen können, ist die Tätigkeit delegationsfähig.

Delegationsfähige Tätigkeiten und Aufgaben sollten Sie dann auch an Mitarbeiter delegieren. Dies gilt jedoch nicht ausschließlich. Es können Situationen vorkommen, in denen Sie eine delegationsfähige Tätigkeit im Augenblick nicht delegieren können.

Beispiel:

Ihre einzige dafür geeignete Mitarbeiterin ist auf einem dreitägigen Seminar. Die Tätigkeit muß aber bis morgen durchgeführt sein.

(2) Die Delegationskontrolle

Sie können Aufgaben nicht einfach delegieren und sich dann um nichts mehr kümmern. Die Durchführung der Aufgabe geht Sie eigentlich nichts mehr an, es sei denn, Sie erkennen, daß Personen oder Sachen schweren Schaden erleiden würden. Hier müßten Sie bei der Durchführung eingreifen. Was Sie jedoch unbedingt kontrollieren müssen, ist die Erledigung der Aufgabe und das Ergebnis.

(3) Die Delegationsmenge

Nicht, daß Sie jetzt meinen, einmal in der Woche, donnerstags gegen 10.15 Uhr wäre Delegationszeit. Sie können gar nicht genug delegieren. Delegiert wird täglich und zwar so oft und so viel wie eben möglich.

Geraten Sie allerdings auch nicht in einen Delegationsrausch. Sie müssen bei der Delegation schon vorher prüfen, ob der/die Mitarbeiter/in überhaupt in der Lage ist, die Tätigkeit, die Sie delegieren wollen, auszuführen. Dies gilt für die zeitliche Komponente wie auch für die benötigten Fähigkeiten und Kenntnisse.

(4) Die Delegationsstellen

Verstehen Sie Delegation als umfassende und nicht ausschließlich auf Ihre Mitarbeiter/innen beschränkte Aufgabe. Prüfen Sie ebenso, ob Sie Aufgaben und Tätigkeiten an andere Stellen in Ihrem Unternehmen delegieren können.

Darüber hinaus sind auch externe Stellen denkbar, an die Sie Aufgaben delegieren können (Beispiele: *Steuerberater, Unternehmensberater, Rechtsanwälte, Gutachter* usw.).

Nachfolgend drei Instrumente, die Ihnen das Delegieren erleichtern, aber nicht abnehmen.

(1) Management-by-Delegation (MbD)

Management-by-Delegation ist eine der vielen »Management-by-...-Führungsmodelle«. MbD kann wie folgt übersetzt werden:

Führung durch Entscheidungszuständigkeit

Voraussetzung dieses Führungsmodells ist ein eindeutig abgegrenzter Aufgabenbereich mit Übertragung der notwendigen Zuständigkeiten (Kompetenzen) und der daraus abgeleiteten Verantwortlichkeit für das eigene Handeln.

Unterschieden wird in **Handlungs-** und **Führungsverantwortung**. Die Führungsverantwortung liegt immer beim Vorgesetzten, die Mitarbeiter verfügen ausschließlich über Handlungsverantwortung. Vorgesetzte nachgeordneter Hierarchieebenen haben neben ihrer Führungsverantwortung regelmäßig auch in bestimmten Bereichen Handlungsverantwortung.

Die Spielregeln dieses Führungsprinzips lauten:

- *Der Mitarbeiter darf ihm übertragene Zuständigkeiten nicht an den Vorgesetzten zurückgeben, indem er beispielsweise sein Einverständnis zu einer bestimmten Maßnahme einholt.*
- *Der Vorgesetzte dagegen darf nicht in den Zuständigkeitsbereich seiner Mitarbeiter/innen eingreifen, es sei denn, es handelt sich um außergewöhnliche Fälle oder schwerwiegendes Fehlverhalten.*

Dabei ist die Stellenbeschreibung unverzichtbar.

(2) Checklisten

Damit Sie den Überblick nicht verlieren, sollten Sie Delegationskontroll-Checklisten verwenden.

In der nachfolgenden Abbildung ist eine derartige Checkliste dargestellt, die Sie sich notfalls auch selbst, eventuell abgewandelt, anfertigen können.

Wiederkehrende Aufgaben/Aktivitäten

Termin	Aktivität/Aufgabe ☐ ½-jährlich ☐ ¼-jährlich ☐ monatlich ☐ wöchenlich	Delegiert an	OK

Abb. 14 *Aktivitäten-Checkliste Aufgabenkontrolle* (Time/system)

(3) Das Eisenhower-Prinzip

Als letztes Hilfsmittel ein einfaches, aber um so wirksameres Entscheidungsraster, das nach dem amerikanischen General Dwight D. Eisenhower benannt ist.

In der Regel haben Sie ja nicht nur eine Aufgabe oder Tätigkeit zu erledigen. Also müssen Sie Prioritäten setzen, entscheiden, welcher Aufgabe oder Tätigkeit der Vorzug zu geben ist. Gewichtungskriterien sind hierbei

Dringlichkeit und Wichtigkeit

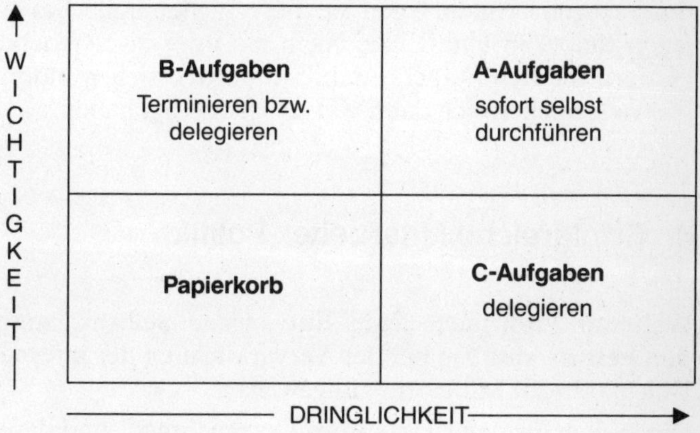

Abb. 15 *Eisenhower-Prinzip*

A-AUFGABEN – sowohl dringlich als auch wichtig
– sofort selbst durchführen

B-AUFGABEN – wichtig, aber (noch) nicht dringlich
– für eigene spätere Bearbeitung terminieren bzw. direkt an Mitarbeiter/innen delegieren

C-AUFGABEN – nicht wichtig, aber dringlich
– sofort delegieren bzw. wenn selbst zu

		erledigen kurzfristig einschieben (z.B. am Ende des Arbeitstages oder in Leistungstiefs)
PAPIERKORB	-	weder wichtig, noch dringlich
	-	weder selbst bearbeiten noch delegieren
	-	erledigen sich nach einer gewissen Zeit i. d. R. von selbst

Wenn Sie risikofreudig sind, werfen Sie möglichst viel in den Papierkorb. Wenn Sie sich dazu (anfangs) noch nicht durchringen können, legen Sie diese Sachen irgendwo auf einen Stapel in eine Ecke. Nach ein oder zwei Wochen blättern Sie den Stapel durch. Sie werden sich wundern, wie viele Sachen sich dann von selbst erledigt haben.

4. Erfolgreiche Mitarbeiter-Politik

Während Prioritätensetzen Ihre eigene Selbstorganisation betrifft, sind Sie bei der Verwirklichung der internen Delegation auf Mitarbeiter angewiesen.

Wesentlich für den Erfolg Ihres Unternehmens und damit für Ihren eigenen Erfolg sind geeignete Mitarbeiter. Um geeignete Mitarbeiter zu erhalten, müssen Sie folgendes berücksichtigen:

- **Mitarbeiterfindung**
- **Mitarbeitereinsatz**
- **Mitarbeitermotivation**
- **Mitarbeiterentwicklung**
- **Mitarbeiterförderung**

Geeignete Mitarbeiter zu finden ist nicht einfach, und oftmals benötigen Sie hierfür Geduld und einen langen Atem. Darüber hinaus werden Sie heute mehr und mehr durch gesetzliche und tarifliche Bestimmungen in Ihren Entscheidungsmöglichkeiten eingeschränkt.

Ebenso wichtig ist es, geeignete Mitarbeiter richtig einzusetzen. Bedenken Sie, daß ein(e) gute(r) Mann/Frau falsch eingesetzt weniger zum Gesamterfolg beisteuert als ein(e) durchschnittlich richtig eingesetzte(r) Mitarbeiter(in).

Sowohl für die Mitarbeitersuche (-findung) wie auch für den Mitarbeitereinsatz ist die **Stellenbeschreibung** ein ausgezeichnetes Hilfsmittel. Sie ermöglicht einen Vergleich zwischen dem Anforderungsprofil der Stelle und dem Eignungsprofil des/der Mitarbeiters/in.

Haben Sie geeignete Mitarbeiter und diese richtig eingesetzt, so müssen Sie nun dafür sorgen, daß Ihre Mitarbeiter motiviert sind. Dies läßt sich zwar leicht schreiben, ist aber in der Praxis gar nicht so einfach umzusetzen. Mit steigender Mitarbeiteranzahl wird die Motivation auch nicht einfacher.

Motivation ist die Bestimmung bzw. die Beeinflussung des Willens durch Beweggründe. Dies bedeutet, der Mitarbeiter muß sich mit den Zielen seines Unternehmens identifizieren, sie nicht nur passiv, sondern aktiv unterstützen. Ein Mitarbeiter ist immer dann motiviert, wenn seine **Bedürfnisse** befriedigt sind. Um dies zu erreichen, müssen Sie erst einmal die Bedürfnisse Ihrer Mitarbeiter kennen.

Es gibt eine Vielzahl von Bedürfnissen, und da jeder Mensch bis auf die Grundbedürfnisse verschiedene Bedürfnisse haben kann, ist die Bedürfnisbefriedigung nicht einfach durchführbar.

Sie sollten allerdings bedenken, daß ein Mitarbeiter, der ein wesentliches Bedürfnis hat, das Sie nicht befriedigen können, nie hochmotiviert sein und Ihr Unternehmen mittelfristig verlassen wird.

Wenn Sie hingegen über hochmotivierte, richtig eingesetzte, geeignete Mitarbeiter verfügen, so fehlt nur noch eines:

Sie müssen Ihre Mitarbeiter (weiter-)**entwickeln** und **fördern**. Es genügt nicht allein, über eine ausreichende Anzahl von Mitarbeitern in benötigter Qualifikation zu verfügen. Entscheidend ist die ständige Qualifizierung, um den sich ändernden Anforderungen sowohl im Produktions- wie auch im Verwaltungsbereich gewachsen zu sein.

Zusammenfassung Kapitel 6

① **Setzen Sie Prioritäten.**

② **Verwenden Sie die ABC-Analyse.**

③ **Geben Sie den A-Aufgaben Vorrang.**

④ **Arbeiten Sie zielorientiert.**

⑤ **Delegieren Sie.**

⑥ **Verwenden Sie Checklisten.**

⑦ **Beachten Sie die Kriterien Dringlichkeit und Wichtigkeit.**

⑧ **Suchen Sie geeignete Mitarbeiter aus.**

Kapitel 7: Information und Kommunikation

Je besser die Menschen informiert sind, desto bewußter handeln sie.

MICHAIL GORBATSCHOW

Wir leben unbestreitbar in einer Informationsgesellschaft. Niemals vorher war der Mensch in der Lage, ein derartig hohes Angebot an Informationen zu erhalten, wie dies heute möglich und denkbar ist. Wir unterscheiden hierbei Informationen

- allgemeiner und
- beruflicher Art.

(1) Informationen **allgemeiner** Art

Bei Informationen allgemeiner Art handelt es sich um Informationen, die Sie für den **privaten** Bereich benötigen, die also nichts mit Ihrer beruflichen Tätigkeit direkt zu tun haben. Informationen allgemeiner Art nutzen Sie i. d. R. für oder in den Bereichen

- Familie
- Freundes- und Bekanntenkreis,
- Freizeit und Hobby,
- Politik und Sozialtätigkeit.

(2) Informationen **beruflicher** Art

Bei Informationen beruflicher Art handelt es sich um Informationen, die Sie für den Bereich, in dem Sie tätig sind, benötigen. Diese Informationen müssen Sie aber nicht ausschließlich während Ihrer Tätigkeit erhalten bzw. weitergeben. Informationen beruflicher Art können Sie natürlich ebenso im privaten Bereich erhalten. Sie können sie dort nur nicht verwenden.

Dies gilt natürlich auch umgekehrt für Informationen allgemeiner Art. Diese Informationen können ebenfalls im beruflichen Bereich erhalten und weitergegeben werden. Die Grenzen sind jedoch fließend, d.h. nicht immer so exakt zu trennen wie zuvor dargestellt. Dies bedeutet, daß sich Informationen allgemeiner Art durchaus in Informationen beruflicher Art wandeln können. Beispielsweise können derzeitige Informationen allgemeiner Art durch den Wechsel der Arbeitsstelle bzw. der Tätigkeit zu Informationen beruflicher Art werden.

Beispiel:

Durch jahrelangen Urlaub in Tunesien verfügen Sie über eine Vielzahl allgemeiner Informationen über Land und Leute Tunesiens. Als Verkäufer in einem Autohaus können Sie damit beruflich nichts anfangen. Sie geben jedoch diesen Beruf auf und werden Reiseleiter für Tunesien. In diesem Fall setzen Sie Ihre Informationen allgemeiner Art nunmehr beruflich ein.

1. Woher Informationen kommen

Der starke Anstieg der Informationen wäre undenkbar, wenn nicht auch die Informationsquellen zugenommen hätten. Grundsätzlich unterscheiden wir die nachfolgenden Informationsquellen, wobei die Aufzählung nicht vollständig sein kann und die Zuordnung nicht immer ausschließlich erfolgt:

(1) **Druck-Medien**

Hierbei überwiegt die Schrift. Dies sind u. a.:

- Tages-Zeitungen
- Wochen-Zeitschriften
- Monats-Zeitschriften
- Bücher
- Loseblattwerke
- Schriften (z. B. Bedienungsanleitungen)
- Prospekte
- Briefe
- Zettel

(2) **Bild-Medien**

Hierbei überwiegt das Bild. Dies sind u. a.:

- Fotografien
- Dias
- Stummfilme
- Plakate

(3) **Ton-Medien**

Hierbei überwiegt der Ton. Dies sind u. a.:

- Tonband
- Cassettenrekorder
- Schallplatte
- Compact-Disk (CD)
- Hörfunk
- Telefon
- Funksprechanlagen
- sonstige Sprechanlagen

(4) **Multi-Medien**

Hierbei werden Schrift, Bild und Ton kombiniert. Dies sind u. a.:

- Fernsehen
- Tonfilme

- Video
- Bildtelefon

(5) **Elektronische Medien**

Das wesentliche Kriterium ist die elektronische Speicherung und Verarbeitung. Dies sind u. a.:

- EDV-Anlagen
- Datenbanken
- Netzwerk-Systeme
- Mail-Boxen

2. Informationsmißbrauch und wie man sich dagegen schützt

Durch die Vielfältigkeit der Informationen und die Vielzahl der Informationsmedien ergeben sich allerdings neben den zusätzlichen Chancen auch Gefahren.

Sie haben die Möglichkeit, sich eine objektivere und umfassendere Meinung zu bestimmten Themenbereichen zu bilden. Dies bedeutet natürlich, daß Sie die angebotenen Möglichkeiten auch nutzen und je nach Informationsbedürfnis und -anspruch die geeigneten Medien auswählen müssen. Dies ist nicht einfach und oft auch aus zeitlichen und/oder finanziellen Gründen nicht vollständig möglich. Es gibt Themenbereiche, zu denen mehrere hundert Bücher geschrieben worden sind. Diese können Sie kaum alle kaufen, und selbst wenn, wann sollten Sie diese lesen?

Eine wesentliche Entscheidung, die Sie treffen müssen, ist die, ob Sie eine aktuelle oder ausführliche Information benötigen. Grundsätzlich kann man feststellen:

☞ **Je ausführlicher die Informationen, desto geringer ist die Aktualität.**

Geben Sie sich jedoch nicht dem Irrglauben hin, Sie wären in Ihrer Meinungsbildung nicht beeinflußbar. Sie sind und Sie werden mehr oder weniger beeinflußt. Es ist sehr hilfreich, wenn Sie sich dies ständig vergegenwärtigen. Bedenken Sie dabei, daß Sie einerseits Informationen erhalten und damit beeinflußt werden können und andererseits Informationen weitergeben, mit denen Sie Einfluß ausüben können. Entscheidend ist letztlich, ob Sie überhaupt objektiv informieren oder informiert werden wollen. Viele Menschen haben sich beispielsweise bereits eine Meinung zu einem Thema gebildet und wollen darin nur noch bestätigt werden.

Ganz wichtig ist, wenn Sie um objektive Information bemüht sind, daß Sie Ihre Meinung nicht auf der Grundlage eines Mediums (z.B. nur Fernsehen, nur Tageszeitung usw.) bilden. Es hilft aber auch nichts, wenn Sie unterschiedliche Medien nutzen, diese aber tendenziell nur einer weltanschaulichen Richtung angehören.

Darüber hinaus ist Meinungsbeeinflussung nicht gleich Meinungsbeeinflussung. Wenn Ihr Gesprächspartner seine Meinung ändert, haben Sie ihn beeinflußt. Ist es aber nicht ein großer Unterschied, ob Sie dies erreicht haben, weil Sie ihn

- **überzeugt** oder
- **überredet** oder
- aufgrund Ihrer Macht **gezwungen** haben?

Hinzu kommt, daß durch die Fülle der Informationen, die heutzutage gesammelt, gespeichert und ver- bzw. bearbeitet werden, ein Mißbrauch der Informationen selbst nicht auszuschließen ist. Sie können demzufolge bewußt oder unbewußt Informationsmißbrauch betreiben bzw. dessen Opfer werden.

Auf die Problematik kann hier nicht erschöpfend eingegangen werden, einige wenige Aspekte sollen jedoch kurz angesprochen werden:

Bei unzähligen Stellen privater und öffentlicher Art werden Informationen (Daten) über Sie gespeichert. Sie wissen nicht wer, wo und was über Sie gespeichert hat und vor allem, ob die gespeicherten Informationen überhaupt richtig sind. Die einzelnen Daten für sich gesehen sind vielleicht noch harmlos, der Zugriff aber auf mehrere bzw. zentral auf alle hätte in falschen Händen sicherlich katastrophale Folgen.

Beispiel:

Wenn bei der »Schufa« über Sie fehlerhafte Daten gespeichert sind, könnten Sie bei der Beantragung eines Kredites Schwierigkeiten bekommen, zumindest wird bis zur Richtigstellung einige Zeit vergehen. Dann kann Ihnen jedoch längst ein Schaden entstanden sein.

Wesentlich ist also, daß Sie Informationen schützen. Überlegen Sie einmal, ob Sie selbst nicht vielfach Daten über sich an andere abgeben, die diese nichts angehen? Dies gilt übrigens nicht nur für den privaten Bereich, sondern genauso gut für den beruflichen Bereich.

Warum wird beispielsweise bei einem Preisrätsel außer nach Ihrer Adresse auch noch nach der Telefonnummer, dem Beruf usw. gefragt? Weil diese Adressen vermarktet werden, und der Verkäufer um so mehr erhält, je umfangreicher die Daten sind. Probieren Sie dies einmal aus. Bei der nächsten Gelegenheit verändern Sie bewußt Ihre Adresse. Sie könnten z.B. einen zweiten oder dritten Vornamen abgekürzt hinzufügen, also statt wie sonst üblich

Gerd Müller, jetzt Gerd W. Müller.

Dann müssen Sie etwas Geduld haben. Ich garantiere Ihnen jedoch, daß Sie innerhalb eines Jahres mehrere Werbezuschriften mit dem »erweiterten« Namen erhalten werden.

Durch den zunehmenden Einsatz der Computer, nicht nur beruflich, sondern auch privat, nimmt automatisch die Gefahr zu, daß andere Ihre Informationen unberechtigt entwenden, verändern oder löschen. Denken Sie beispielsweise an Computer-Viren und Computer-Hacker.

Damit wir uns nicht mißverstehen: Wir leben in einer Informationsgesellschaft. Dies läßt sich nicht mehr ändern und dies ist auch gut so. Es ist absolut falsch und wenig hilfreich, dies zu verteufeln. Mir liegt es jedoch am Herzen, daß Sie dem Bereich Information (Daten) mit einer positiv kritischen Einstellung begegnen.

3. Wie wir Informationen aufnehmen und verarbeiten

Eine Vielzahl von Wissenschaftlern arbeiten an der Erforschung unseres Gehirns. Vieles ist mittlerweile bekannt, allerdings längst noch nicht alles.

Die Arbeitsweise des Gehirns können Sie sich vereinfacht wie folgt vorstellen:

Ständig erreichen uns von der Außenwelt über die Nase, die Haut, die Augen, die Ohren und die Zunge Informationen (Sinneseindrücke). Die so auf uns einströmenden Eindrücke werden von den Nervenzellen umgewandelt und in elektrischer und chemischer Form weitergeleitet. Die beiden wesentlichen Gedächtnisstufen, die dabei beansprucht werden, sind das Kurzzeitgedächtnis und das Langzeitgedächtnis. Das Kurzzeitgedächtnis hat nur eine begrenzte Speicherfähigkeit. Die dort gespeicherten Informationen müssen verarbeitet und zum Langzeitgedächtnis transportiert werden. Das Langzeitgedächtnis hat eine unbegrenzte Speicherkraft. Informationen, die dort gespeichert sind, gehen grundsätzlich auch nicht mehr verloren. Da dort jedoch eine Vielzahl von Informationen gespeichert sind, ist es nicht immer leicht, die gerade benötigte zu finden. Sie kennen sicherlich aus eigener Erfahrung die Situationen und Aussprüche:

- Ich weiß es, ich komme bloß nicht drauf.
- Gleich fällt es mir wieder ein.
- Es liegt mir auf der Zunge.

Und wie sehr Sie sich auch Ihr Gehirn zermartern, Sie kommen einfach nicht darauf. Einige Zeit später fällt es Ihnen plötzlich ein. Es war also abgespeichert, Sie haben nur nicht die richtige Schublade gefunden. Sie waren irgendwie blockiert.

Die Leistungsfähigkeit des Kurzzeitgedächtnisses ist abhängig von seiner Speicherkapazität. Dies ist von Mensch zu Mensch unterschiedlich und kaum beeinflußbar. Der zweite Faktor ist die Schnelligkeit der Verarbeitung der Informationen und die Weiterleitung und Verankerung im Langzeitgedächtnis.

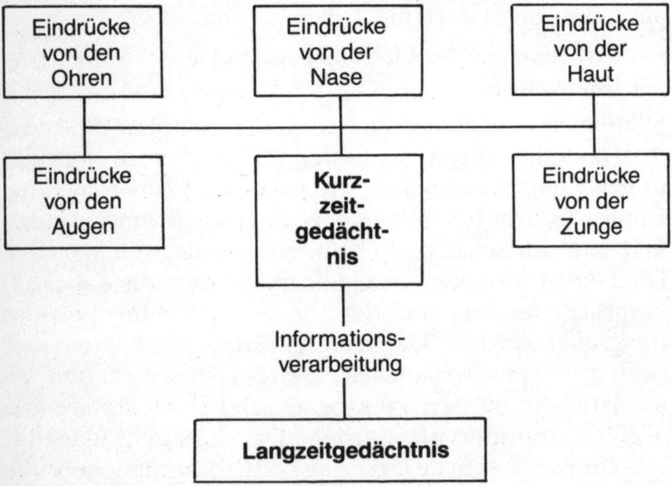

Abb. 16 *Wege der Information ins Gedächtnis*

4. Gedächtnistraining und rationelle Lern-Techniken

Jüngere Menschen sind älteren Menschen i. d. R. im Bereich des Kurzzeitgedächtnisses überlegen, während ältere Menschen, bedingt durch die längere Lebenserfahrung, ein umfangreicheres Langzeitgedächtnis haben. Dies braucht aber nicht so zu sein.

Junge Menschen können die Lebenserfahrung nicht theoretisch erlernen, sie müssen sie erleben. Ältere Menschen können jedoch ein ebenso gutes Kurzzeitgedächtnis aufweisen wie jüngere Menschen, wenn sie bereits in jungen Jahren ihr Gedächtnis trainiert haben. Hierzu nachfolgend einige Techniken.

a) Superlearning

Die Anbieter von **Superlearning** versprechen »müheloses Lernen«, »Lernen wie im Schlaf« usw. Wenn dies sicherlich auch ein wenig übertrieben ist, so bleibt doch festzustellen, daß mit Superlearning mehr und schneller gelernt werden kann.

Superlearning basiert auf der von dem bulgarischen Prof. Lozanov entwickelten Unterrichtsmethode der Suggestopädie. Diese läuft nach strengen Regeln in drei Stufen ab, wobei sich Aktivität und Entspannung ständig abwechseln. Hierdurch wird das Lernen erleichtert und der Erfolg dauerhaft gesichert.

Stufe 1: Hier erfolgt eine positive Einstimmung auf das Lernen. Diese Stufe, die am Anfang jedes Unterrichtstages steht, kann bis zu 20% der Unterrichtszeit beanspruchen und beinhaltet auch Entspannungsübungen.

Stufe 2: Hier erfolgt die Einprägung des zu lernenden Stoffes und zwar in Verbindung mit (i. d. R.) klassischer Musik. Der Gesamteindruck aus Musik und vorgetragenem bzw. gelesenem Text prägt sich erstaunlich schnell ein. Diese Stufe beansprucht bis zu 30% der Unterrichtszeit.

Stufe 3: In dieser Stufe wird der zuvor passiv aufgenommene Lernstoff spielerisch wiederholt in Form von praktischen Übungen oder Rollenspielen. Diese Stufe beansprucht bis zu 70% der Unterrichtszeit.

Entscheidend für Ihren Lernerfolg ist die richtige Auswahl des Kurses und des Veranstalters. Es gibt drei grundsätzliche Formen:

1. Kurs mit Kursleiter
2. Selbstlernen mit Kursleiterbegleitung
3. ausschließlich Selbstlernen durch Cassetten.

So wie oben dargestellt sind auch die Erfolgsaussichten zu beurteilen, d.h. Form 1 garantiert den größten Erfolg. Form 3 ist zwar die kostengünstigste Form, aber eigentlich nur denen zu empfehlen, die autodidaktisch arbeiten können. In der Regel benötigen die meisten Menschen eine Gruppe bzw. einen Lehrer, um erfolgreich zu lernen.

b) Mnemotechnik

Die **Mnemotechnik** wurde vor etwa 2500 Jahren »erfunden«. Sie ist wie jede Technik erlernbar, auch im Selbststudium unter Zuhilfenahme von geeigneten Büchern. Die Technik ist unabhängig vom Alter erlernbar, mit zunehmendem Alter benötigt man nur einen etwas längeren Zeitraum. Letztendlich ist jedoch ein 75jähriger Mnemotechniker einem 25jährigen Nicht-Mnemotechniker überlegen.

Bevor man jedoch von seinem mnemotechnisch geschulten Gedächtnis profitieren kann, muß man, wie überall, Zeit und Arbeit investieren, um die Grundlagen und Regeln zu lernen. Beherrscht man die Technik, ist es natürlich erforderlich, diese ständig einzusetzen. Dadurch werden Sie die eingesetzte Zeit um ein Vielfaches zurückerhalten und oftmals andere mit Ihrem »phänomenalen Gedächtnis« in Erstaunen versetzen können. Beispielsweise werden Menschen bestaunt, die im Fernsehen in Sekunden die Wochentage für ein Datum innerhalb eines 50-Jahres-Zeitraumes angeben können. Für einen Mnemotechniker ist dies ein »Klacks«. Beherrschen Sie die Mnemotechnik, dann können Sie dies oder ähnliche Superleistungen auch erbringen.

Die Mnemotechnik kann hier nicht ausführlich dargestellt werden. Es ist allerdings eine Technik, die sich zu erlernen lohnt. Im Literaturverzeichnis ist ein Buch hierzu angegeben. Grundsätzlich kann jedoch gesagt werden, daß die Mnemotechnik mit Assoziationen (= Verknüpfung von Vorstellungen, von denen die eine die andere hervorgerufen hat) arbeitet. Und wenn Sie einmal scharf nachdenken, werden Sie feststellen, daß Sie in geringem Umfang bereits mnemotechnisch arbeiten, wenn Sie sich beispielsweise sogenannte »Eselsbrücken« bauen.

Beispiele:

»Geh, du alter Esel« ist ein Ausspruch, an den sich einige Leser vielleicht erinnern. Damit merkt man sich die Saitenfolge einer Violine: g, d, a, e.

Ein Knoten im Taschentuch soll Sie an etwas Wichtiges erinnern. Wenn Sie dann nach einiger Zeit Ihr Taschentuch zur Hand nehmen, wird Ihnen i. d. R. auch das, woran Sie sich erinnern wollten, einfallen.

c) Schnellesen (rationelles Lesen)

Auch beim Lesen gibt es rationelle Techniken, wobei der Begriff »Schnellesen« präzisiert werden muß. Es reicht nicht aus, nur die Geschwindigkeit beim Lesen zu steigern, wenn dabei nicht auch etwas hängen bleibt. Besser noch ist:

➪ **schneller lesen und mehr behalten.**

Auch hierfür gibt es erlernbare und gewinnbringende Techniken. Überlegen Sie einmal:

Sie lesen beispielsweise täglich (beruflich und privat) eine Stunde. Ein übrigens für viele Beschäftigte niedriger Wert. Aufgrund verschiedener Techniken sind Sie in der Lage, Ihre Leseleistung zu verdoppeln (ein realistischer Wert). Dies heißt, bei gleicher Aufnahmekapazität wie derzeit benötigen Sie hierfür nur noch die Hälfte der Zeit. Dies bedeutet bei einer Ersparnis von einer halben Stunde je Tag, bei durchschnittlich 220 Arbeitstagen, eine gesamte Zeitersparnis von 110 Stunden oder rund 14 Arbeitstagen in einem Jahr.

Ich glaube kaum, daß wir uns über die Notwendigkeit der Erlernung rationeller Lesetechniken aufgrund des obigen Beispiels noch weiter unterhalten müssen.

Auch rationelles Lesen ist in Kursen bzw. im Selbststudium (siehe Literaturverzeichnis) lernbar.

5. Kommunikation und Körpersprache

Wie bereits gesagt, leben wir in einer Informationsgesellschaft. Wenn Sie über alle Informationen verfügen, ist dies sicherlich schön für Sie, damit kommen Sie aber nicht weiter. Wesentlich für Ihren Erfolg bzw. den Ihres Unternehmens ist doch, daß die notwendigen Informationen in vollem Umfang so schnell wie möglich dort hinkommen, wo sie benötigt werden. Hierfür benötigen Sie ein effizientes **Kommunikationssystem**.

Grundsätzlich ist festzustellen: Jeder kommuniziert (von wenigen Ausnahmen abgesehen). Dabei geschieht Kommunikation nicht nur in Sprache (verbale Kommunikation), sondern ist auch **nonverbal** (= nichtsprachlich, körpersprachlich). 90% der menschlichen Gefühle werden beispielsweise nonverbal und nur 10% verbal ausgedrückt.

Kommunikation bedeutet nichts anderes als der wechselseitige Austausch von Informationen, der der Verständigung zwischen zwei oder mehreren Personen dient. Das Problem bei der Kommunikation ist, daß entweder zu wenig oder gar nicht bzw. falsch kommuniziert wird.

Die Kommunikation läuft in zwei Stufen ab:

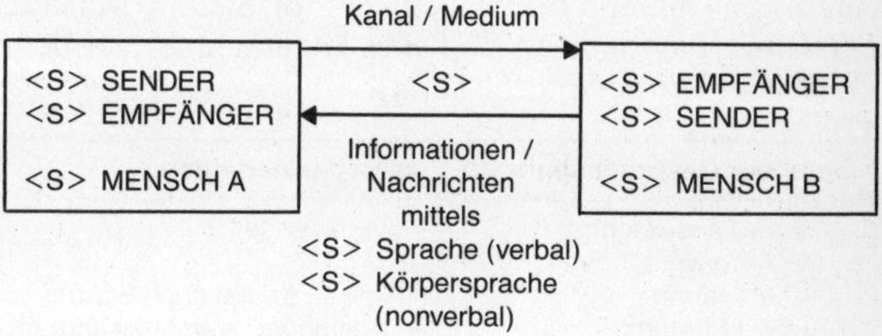

Abb. 17 *Die zwischenmenschliche Kommunikation (einfaches Modell)*

Zwischen dem Menschen A und dem Menschen B findet ein Informationsaustausch statt. Beide sind wechselseitig **Sender** und **Empfänger**. Die Informationen werden verbal und nonverbal über einen Kanal bzw. ein Medium ausgetauscht (z.B. Telefon, Luftschall). Überall dort, wo das **Zeichen <S>** angebracht ist, können sich **Kommunikationsstörungen** ergeben (siehe nächster Abschnitt). Wesentlich ist auch noch, daß beide dieselbe »Sprache« sprechen.

Beispiel:

Ein Amerikaner und ein Deutscher können sich nur verständigen, wenn beide entweder amerikanisch oder deutsch sprechen, oder eine andere gemeinsame Sprache.

Ganz wesentlich ist die **Körpersprache**. Während Worte oft nur »leere Worte« sind, sprechen Mimik und Gestik häufig eine viel deutlichere Sprache. Nachfolgend einige Beispiele.

Beachten Sie aber bitte, daß das angegebene Verhalten nicht auf jeden Menschen zutreffen muß und manche Teile ihrer Körpersprache bewußt trainiert haben. Denn auch gerade zu diesem hochinteressanten Gebiet gibt es natürlich entsprechend ausführliche Literatur und Seminarveranstaltungen (führend hier sicherlich: Prof. Sammy Molcho, bekannter Pantomime, der heute Unternehmer auf dem Gebiet der Körpersprache berät).

Wenn der Gesprächspartner:	**kann das bedeuten:**
- Blicken ausweicht	- Verlegenheit
- die Arme verschränkt	
- bei Frauen	- Angst, Suche nach Schutz
- bei Männern	- Ablehnung, Verschlossenheit
- die Oberlippe hochzieht	- Verachtung
- sich zurücklehnt	- Desinteresse (oder Gelassenheit)
- die Augenbrauen hebt	- Ungläubigkeit
- die Hand vor den Mund nimmt	
- während des Sprechens	- Unsicherheit
- nach dem Sprechen	- steht nicht hinter dem, was er gesagt hat
- an die Nase greift	- fühlt sich erwischt
- mit dem Finger zeigt	- Angriff, Wut
- mit den Fingern trommelt	- Nervosität

6. Kommunikationspannen, die man beheben kann

Wie bereits in der Abbildung 17 gezeigt, kann es eine Vielzahl von Störungen innerhalb einer Kommunikation geben. Ursachen hierfür können in allen Elementen des Kommunikationsprozesses liegen:

(1) der **Sender**

- benutzt eine falsche Sprache (verstehen Sie hierunter bitte nicht nur englisch statt deutsch, sondern auch zu geschwollen, zu viele Fremdwörter usw.)
- gibt zu viele Informationen auf einmal
- verwendet keine Fragetechnik oder die falsche
- überfordert den Empfänger
- schweift vom Thema ab

(2) der **Empfänger**

- hört nicht zu
- hat kein Interesse
- hat immer Zweifel
- glaubt sowieso nichts
- ist unkonzentriert
- weiß sowieso alles besser

(3) der **Mensch** (in der jeweiligen Person)

- hat Vorurteile
- verfügt über größere Vorkenntnisse
- hat mehr Erfahrung
- unterstellt seine eigenen Normen und Regeln

(4) **Kanal/Medium**

- technische Störungen (Telefon, Funk usw.)
- Sprachdistanz zu groß
- Umgebungsgeräusche zu laut
- schlechte, undeutliche Aussprache

(5) **Information/Nachricht**

- zu viel Information auf einmal
- zu schnelles Reden
- zu hohes Niveau
- durch falsche Betonung oder Wortwahl erhält die Information ein anderes Gesicht

(6) die **Beziehung** (zwischen den Gesprächspartnern)

- es bestehen keine guten Beziehungen
- es ist kein Vertrauen vorhanden
- es wird nicht die Wahrheit gesagt
- der Ton macht die Musik

Alle diese zuvor genannten Störungen sollten Sie versuchen zu vermeiden. Ihre Kommunikationsfähigkeit und -ergebnisse werden dadurch um ein Vielfaches verbessert.

Zusammenfassung Kapitel 7

① **Nutzen Sie das Informationsangebot.**

② **Verlassen Sie sich nicht nur auf ein Medium.**

③ **Seien Sie an objektiver Meinungsbildung interessiert.**

④ **Beeinflussen Sie andere nur durch Überzeugung.**

⑤ **Schützen Sie sich vor Informationsmißbrauch!**

⑥ **Stehen Sie neuen Techniken positiv, aber durchaus kritisch gegenüber.**

⑦ **Trainieren Sie Ihr Gedächtnis.**

⑧ **Wenden Sie rationelle Techniken an.**

⑨ **Verstärken Sie die Kommunikation.**

⑩ **Vermeiden Sie Kommunikationsstörungen.**

Kapitel 8: Der Einsatz moderner Techniken und Hilfsmittel

Nicht die Technik ist der Feind des Menschen, sondern der Mensch.

Eine rationelle und wirtschaftliche Ausnutzung der Zeit für berufliche und immer mehr auch für private Zwecke ist ohne Einsatz der auf dem Markt befindlichen modernen Techniken und Hilfsmittel zukünftig nicht mehr denkbar.

Vergessen Sie jedoch hierbei nicht den betriebswirtschaftlichen Gesichtspunkt, das **Kosten-Nutzen-Prinzip**. Ein Einsatz lohnt sich erst dann, wenn der Nutzen mindestens so hoch ist wie die Kosten. Diese Rechnung müssen Sie jeweils für sich selbst durchführen. Neben den rein materiellen Gesichtspunkten spielen gerade in diesem Bereich auch Prestigefragen eine Rolle. Aber auch Prestige und Image können bewertbarer Nutzen sein.

1. Zeit- und Planungsbücher

Es gibt **Zeitbücher** und **Planungsbücher**. Ideal ist die Kombination aus beidem, das **Zeitplanbuch**.

Ein Zeitplanbuch ist ein flexibles Instrument, das einen umfassenden und lückenlosen Überblick über alle privaten und beruflichen Vorhaben, Termine, Ziele und Aktivitäten ermöglicht, sie plan- und kontrollierbar macht.

Ein Zeitplanbuch ist demnach:

- flexibel,
- ergänzbar,
- funktionell,
- praxis- und
- anforderungsgerecht.

Die Flexibilität ergibt sich aus einer Loseblattordnung, die Ergänzbarkeit durch Ringbuchmechanik. Die Funktionalität ist durch die Einsatzfähigkeit als Kalender, Tagebuch, Notizspeicher, Planungshilfe und vielfältige Datenbank gewährleistet. Praxis- und anforderungsgerecht ist ein Zeitplanbuch, wenn es neben einem für alle Nutzer umfassenden allgemeinverbindlichen Aufbau darüber hinaus für bestimmte Berufszweige bzw. Anlässe zusätzliche Ergänzungen anbieten kann.

Auf dem Markt gibt es eine Reihe von Zeitplanbüchern. Als Beispiele seien genannt: Erfolgsplanbuch, HelfRecht, TMS, Succes-Kalender, Time Manager, OrgRat-Taschenbuch, Timing-Buch (Josef Schmidt), Time/System.

Der grundsätzliche Aufbau eines Zeitplanbuches ist bei allen wesentlichen Anbietern gleich. In der Ausstattung und im »Zubehör« gibt es allerdings große Unterschiede, wie übrigens auch im Preis. Für ein brauchbares Zeitplanbuch in Normalausstattung sollten Sie mit einmaligen Kosten zwischen 150 und 300 DM und jährlichen Folgekosten zwischen 50 und 100 DM rechnen.

Übersicht über den Aufbau eines Zeitplanbuches

A) Kalenderteil

mit Jahres-, Monats-, Wochen- und Tagesplänen usw.

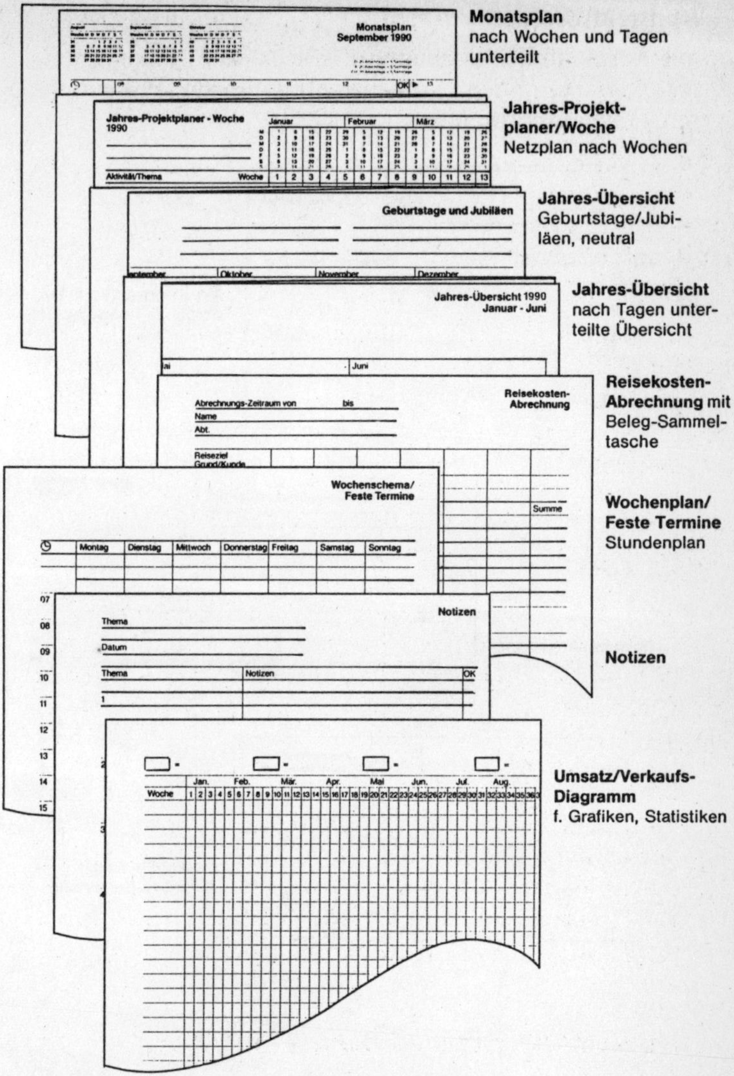

Abb. 18 *Verschiedene Kalenderteil-Vordrucke*

(Quelle: Time/system Deutschland GmbH)

B) Berufsdatenteil

mit Form- und Notizblättern, Checklisten, Planungshilfen, Messeterminen, Verkehrsverbindungen, Postgebühren, Hotelanschriften usw.

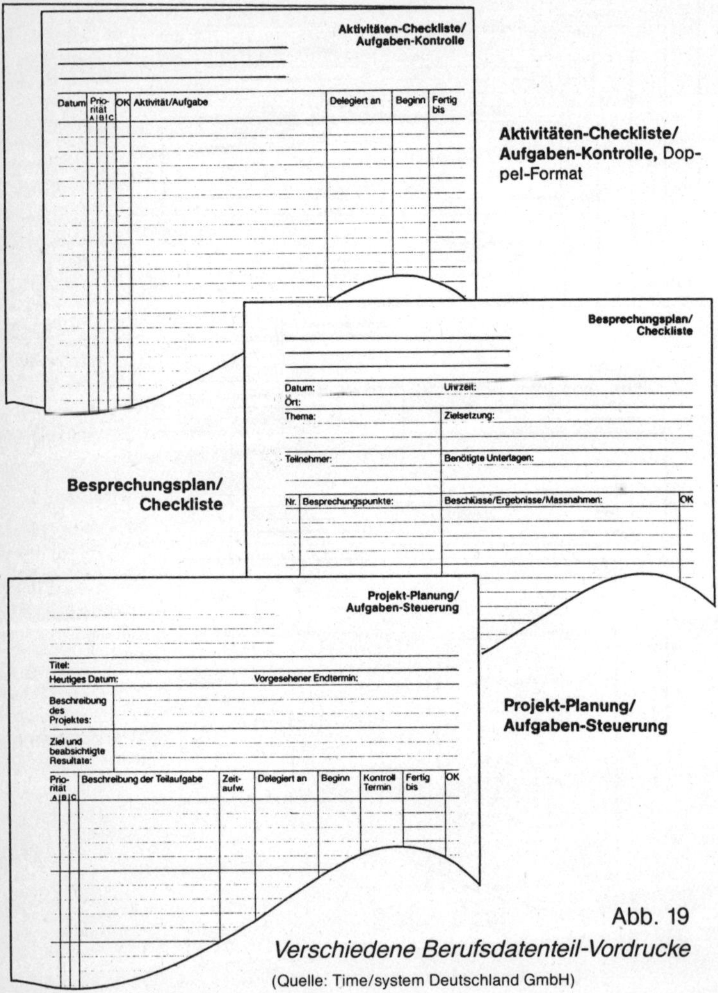

Aktivitäten-Checkliste/ Aufgaben-Kontrolle, Doppel-Format

Besprechungsplan/ Checkliste

Projekt-Planung/ Aufgaben-Steuerung

Abb. 19

Verschiedene Berufsdatenteil-Vordrucke

(Quelle: Time/system Deutschland GmbH)

C) Privatdatenteil

mit Einnahmen- und Ausgaben-Blättern, Steuerterminen, Blankoblättern, Ideenbank, Geburtstags-Checkliste usw.

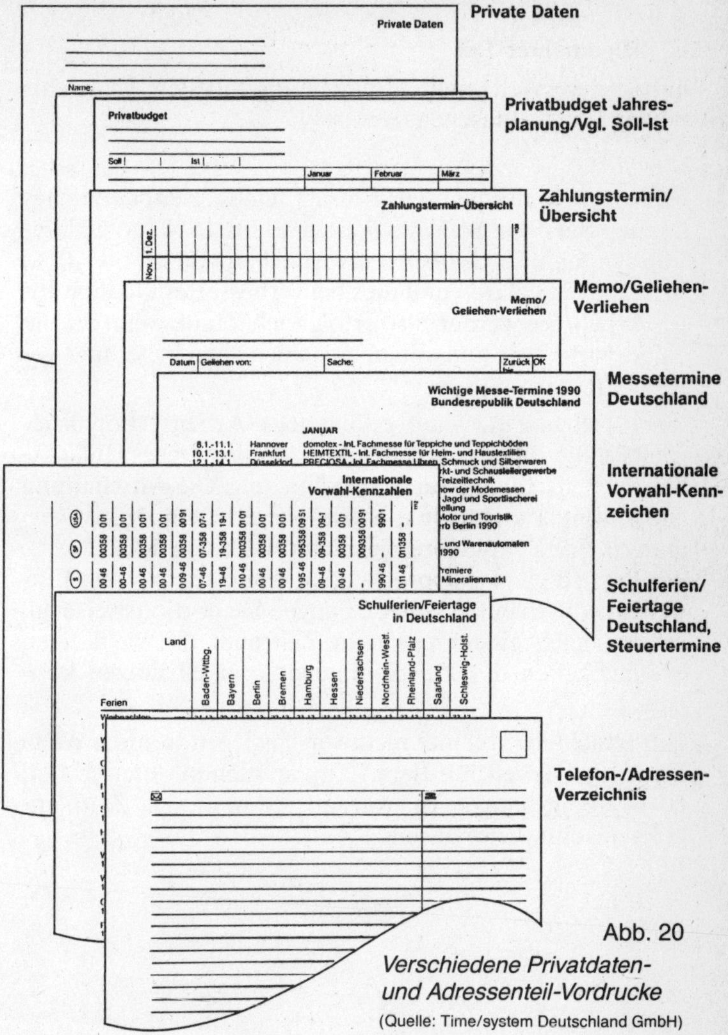

Abb. 20

Verschiedene Privatdaten- und Adressenteil-Vordrucke

(Quelle: Time/system Deutschland GmbH)

D) Adressenteil

mit Adressenregister (ABC) und Telefonnummern-Register

E) Allgemeiner Teil

mit Karten, Weltzeiten, Umrechnungstabellen, Klarsichthüllen, Einstecktaschen usw.

Mit dem konsequenten Einsatz eines Zeitplanbuches können Sie ohne Schwierigkeiten 10 bis 15% (unter Umständen mehr — die Anbieter sprechen von 15 bis 40%) Ihrer Zeit einsparen und dies bei verbesserter Qualität Ihrer Arbeit. Sie werden also erfolgreicher und, wenn Sie die eingesparte Zeit sinnvoll nutzen, auch glücklicher und gesünder leben.

Voraussetzung für eine erfolgreiche Arbeitsrationalisierung ist allerdings neben der Anschaffung dieses Hilfsmittels die konsequente (tägliche!) Nutzung. Die Anschaffung allein bringt's nicht. Sie müssen Ihr Verhalten rigoros verändern. Für Zeitplanungslaien empfiehlt sich deshalb u.U. der Besuch eines entsprechenden Seminars bzw. die Einweisung durch einen Nutzer. Fangen Sie portionsweise an, bis Sie nach einem gewissen Zeitraum die vielfältigen Möglichkeiten des Zeitplanbuches optimal nutzen können.

Ein »Nachteil« soll hier nicht verschwiegen werden: Wenn Ihnen die Arbeit mit dem Zeitplanbuch in »Fleisch und Blut« übergegangen ist, werden Sie ohne das Zeitplanbuch absolut verloren sein.

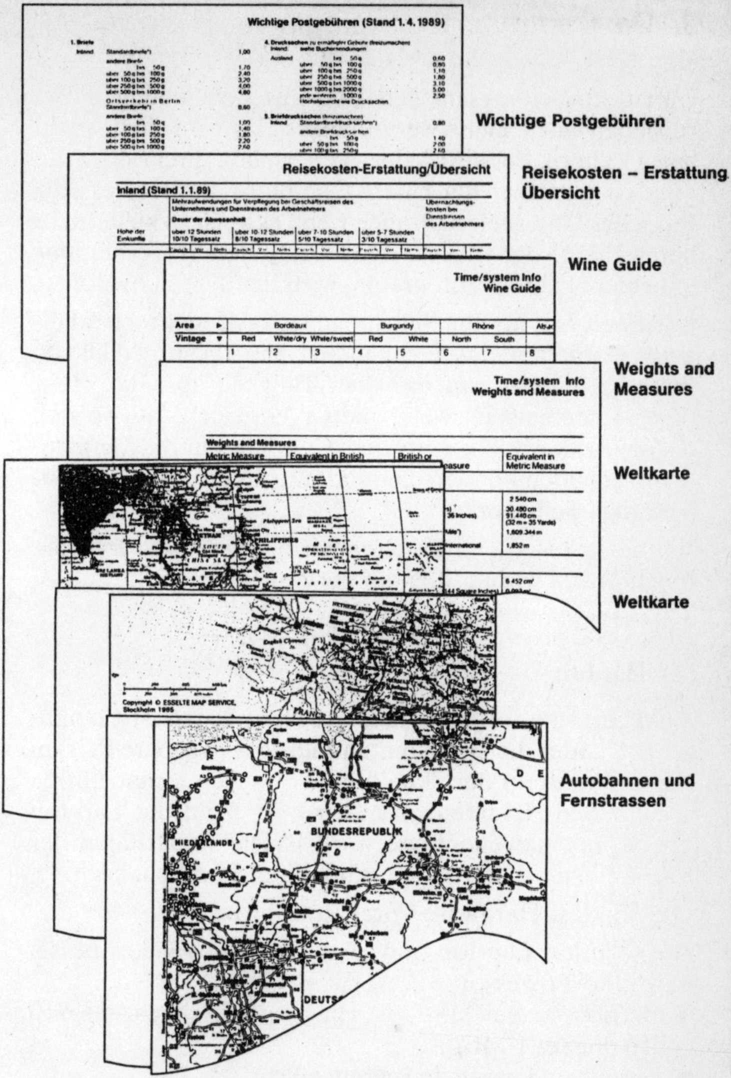

Abb. 21 *Verschiedene Allgemeinteil-Vordrucke*

(Quelle: Time/system Deutschland GmbH)

2. Die Computertechnologie

Datenverarbeitungsanlagen sind aus dem heutigen Berufsleben nicht mehr wegzudenken. Es wird nicht mehr lange dauern, da wird jeder Arbeitsplatz direkt oder zumindest mittelbar mit einem Computer ausgerüstet sein. Für jedes Unternehmen, auch wenn es noch so klein ist, ist bereits heute der Einsatz eines Computers in Verbindung mit einem Fakturierprogramm wirtschaftlich sinnvoll.

Inwieweit Sie für Ihr Selbstmanagement heute ebenfalls einen Computer einsetzen müssen, hängt naturgemäß von Ihrer beruflichen und privaten Tätigkeit ab. Gute Zeitplanbücher beispielsweise bieten Vordrucke an, so daß Sie die Auswertungen aus dem Computer in Ihr Zeitplanbuch einheften können. Darüber hinaus gibt es auch **Zeitplanungs-Software**.

Bei der nachfolgend beschriebenen Hard- und Software beschränken wir uns hier auf die Zwecke des Selbstmanagements.

(1) Hardware

Als Hardware kommen hier entweder **Personal-Computer** (PC) oder die sogenannten **Lap-tops** (tragbare PCs) in Frage. Während der stationäre PC wegen seiner Größe nur für den Heimbereich nutzbar ist, kann der Lap-top überall mit hingenommen werden. Die Kapazitäten der Lap-tops stehen denen der stationären PCs nicht nach.

Die Mindest-Hardware-Voraussetzung beträgt.

- PC oder Lap-top mit einem 20286- oder besser 20386-Prozessor
- Betriebssystem MS-Dos, Hauptspeicherkapazität 640 Kb (besser 1 Mb)
- serielle und parallele Schnittstelle
- Möglichkeit der Bestückung mit einem Co-Prozessor (bei rechenintensiven Programmen)

- 3,5-Zoll-Diskettenlaufwerk
- Festplatte mit 20-Mb-Speicherkapazität

Daneben benötigen Sie eine (möglichst) frei bewegliche Tastatur mit 102 Tasten (incl. Funktionstasten und Cursor-Steuertasten) sowie einen Monitor (Bildschirm). Bei Lap-tops sollten diese Monitore für den Heimgebrauch anschließbar sein. Für den Ausdruck benötigen Sie dann noch einen Drucker, z.B. einen 24-Nadel-Matrix-Drukker.

Abb. 22 *Moderner PC* (Foto: TA Triumph-Adler)

(2) **Software**

Für die Eigennutzung ist ein integriertes Software-Paket am sinnvollsten. Diese Programm-Pakete umfassen eine Textverarbeitung, eine Datenbank, ein Rechenblatt und oft noch einen Kommunikationsteil. Vorteil dieser Programm-Pakete ist ihre einheitliche Benutzeroberfläche und ihr günstiger Preis. Sie leisten allerdings in der Regel weniger als Spezialprogramme bzw. bevorzugen einen Programmteil. Bekannte Programme dieser Art sind beispielsweise:

- MS-Works
- Lotus 1-2-3
- Open Access
- Framework
- Able one

Darüber hinaus bieten sich als sinnvolle Ergänzung noch Programme an wie: Terminplanung, Grafik (oftmals heute schon in den integrierten Programmen enthalten), Einnahme-Überschuß-Rechnung usw.

Eine sinnvolle Nutzung, falls beruflich oder privat erforderlich, ist die **Datenkommunikation** mit dem Computer. Ein Heim-PC oder ein Lap-top kann jederzeit mit anderen Computern in Verbindung treten, vorausgesetzt man verfügt über ein sogenanntes Modem bzw. einen Akkustikkoppler. Diese Zusatzgeräte ermöglichen den Datentransfer von einem Computer über die Telefonleitung zu einem anderen Computer. Ein weiteres Zusatzgerät für den Computer ist ein Btx-Modul, so daß Sie mit Ihrem Computer am **Bildschirmtext** teilnehmen können.

Ein Beispiel soll Ihnen die mögliche Zeitersparnis verdeutlichen:

Ein Vertreter muß ohne Computereinsatz täglich in seine Firma fahren und dort die hereingeholten Aufträge abge-

ben, Informationen weitergeben und erhalten, sich über aktuelle Kundenwünsche und Reklamationen informieren usw. Wir unterstellen einmal für Hin- und Rückfahrt zwischen Wohnort und Unternehmen sowie Aufenthalt im Unternehmen jeweils eine Stunde täglich, so bedeutet dies 15 Stunden Zeitaufwand pro Woche (5 mal 3 Stunden).

Verfügt der Vertreter und das Unternehmen über einen Computer und die notwendigen Zusatzgeräte, so ergibt sich folgendes:

Der Vertreter fährt nur noch einmal in der Woche in die Firma (drei Stunden), an den anderen vier Tagen kann er von zu Hause aus bzw. beim Lap-top auch von jeder Telefonzelle aus sich mit der Datenverarbeitungsanlage seines Unternehmens verbinden und sich die notwendigen Informationen auf seinen Bildschirm holen bzw. ausdrucken lassen. Ebenso kann er seine erzielten Abschlüsse direkt in die Datenverarbeitungsanlage des Unternehmens eingeben. Hierfür benötigt er jeweils eine dreiviertel Stunde. Insgesamt also sechs Stunden (3 Stunden plus 4 mal 0,75 Stunden).

Der Vorteil für den Vertreter: Er »spart« neun Stunden in der Woche, bei rund 45 Arbeitswochen im Jahr sage und schreibe 405 Arbeitsstunden, also 50 »normale« 8-Stunden-Arbeitstage. Daneben verfügt er über bessere, aussagekräftigere und aktuellere Informationen. Er verringert die Kosten für seinen PKW, bei etwas höheren Kosten fürs Telefon. Er schont aber auch seine Nerven und verringert sein Unfallrisiko.

Aber auch das Unternehmen hat Vorteile: Informationsvorteile wie beim Vertreter. Darüber hinaus schnellere Auftragsabwicklung und Kosteneinsparung (PKW-Kosten, Arbeitsplatzkosten usw.).

3. Die Telekommunikation

Wir befinden uns heute im Kommunikations-Zeitalter. Die Nutzung moderner Telekommunikationstechniken ist unumgänglich geworden. Deutschland ist in diesem Bereich zwar noch rückständig, allerdings investiert die Bundespost gewaltig, so daß in den nächsten Jahren sprunghafte Entwicklungen absehbar sind. Außerdem wird den privaten Anbietern neuerdings der Zugang zu diesem Markt ermöglicht.

(1) **Telefonanlagen**

Moderne Telefonanlagen sind ISDN-fähig. **ISDN** heißt:

I = Integratet
S = Services
D = Digital
N = Network

(Übersetzung: universelles dienstintegrierendes digitales Fernmeldenetz)

Dies bedeutet vereinfacht gesagt, daß das Telefon nicht nur zur Übermittlung von Sprache oder Daten, sondern auch zur Übermittlung von Sprache, Daten und Bildern gleichzeitig genutzt werden kann.

Stationäre Nebenstellenanlagen verfügen heute über eine Vielzahl von Hilfsfunktionen, die das Telefonieren rationalisieren. Die wesentlichsten sind:

- Wahlwiederholung
- Nummerspeicher mit Kurzwahlmöglichkeit
- Notizmöglichkeit
- Konferenzschaltungen
- Anrufweiterleitung
- Wahl und Sprechen bei aufgelegtem Hörer
- Mithörmöglichkeit
- Rückruf

- Gebührenerfassung
- Datenverarbeitungsanschluß
- Bildtelefon

Abb. 23 *Moderne ISDN-fähige Telefonanlage (der Firma Mitel)*

Mobile Telefonanlagen haben durch die Einführung des C-Netzes der Deutschen Bundespost eine starke Verbreitung gefunden. Demzufolge sind die Anlagen auch kleiner, komfortabler und preisgünstiger geworden. Die Einführung des zukünftigen D-Netzes wird hier noch einmal eine starke Zunahme derartiger mobiler Telefongeräte ermöglichen.

Bei den mobilen Telefongeräten unterscheidet man heute die **Autotelefone** und die **Mobiltelefone**. Autotelefone sind im PKW fest installiert. Mobiltelefone sind Autotelefone, die herausnehmbar bzw. als Funktelefon im Umkreis von ca. 300 m vom PKW einsetzbar sind oder als Umhänge- und neuerdings als Taschentelefon angeboten werden.

(2) **Telekopie**

Eine nahezu explosionsartige Verbreitung hat die Telekopie gefunden. Ein Unternehmen, das heute nicht über (mindestens) ein **Telefaxgerät** verfügt, muß um sein Image als modernes Unternehmen fürchten.

Telefax ist nichts anderes als ein an die Telefonleitung angeschlossener Kopierer. Auch hier gibt es eine Reihe von Varianten, vom einfachsten bis zum Luxusgerät.

Entscheidende Vorteile beim Telefax sind:

- wirtschaftlich (oft günstiger als ein Brief: Brief kostet 1 DM, Telefax im Ortsnahbereich eine Einheit = DM 0,23);
- schnell (liegt sofort beim Empfänger vor);
- sicher (Übertragungsfehler wie beim Telefonieren kommen nicht vor);
- haben Beweiskraft (Uhrzeit und Partner werden festgehalten).

(3) **Bildschirmtext**

Beim Bildschirmtext (Btx) werden von Anbietern Informationen abgespeichert, die dann von den Btx-Teilnehmern (Unternehmen, Behörden, Privatleute) abgerufen werden können. Voraussetzung für die Teilnahme als Informationsabrufer ist ein

- Telefonanschluß,
- Fernsehgerät,
- Decoder für das Fernsehgerät,
- Modem (Btx-Anschlußbox),
- Tastatur (falls der Teilnehmer selbst Daten eingeben will).

Die Nutzungsmöglichkeiten sind vielfältig:

- Bestellungen
- Überweisungen

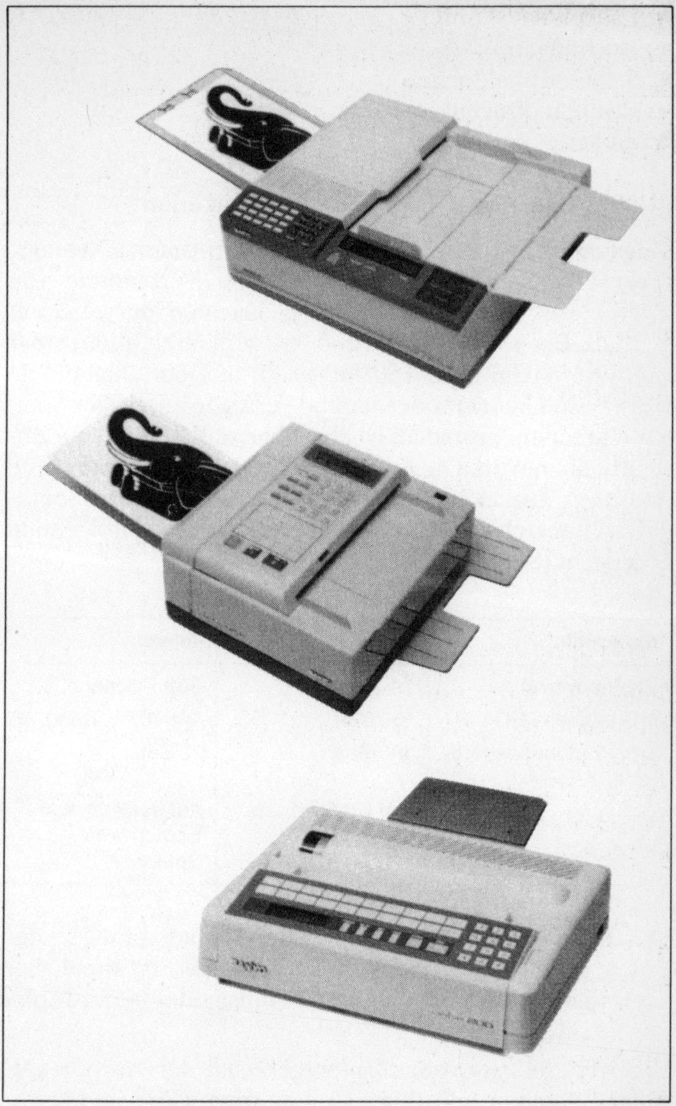

Abb. 24 *Telefaxgeräte (der Firma Sanyo)*

- Fahrplanauskünfte
- Buchungen
- Schadensmeldungen
- Kontenabfragen
- und vieles mehr.

(4) **Sonstige Formen der Telekommunikation**

Telex ist eine Wortschöpfung aus TELeprinter EXchange (Fernschreiber-Austausch). Durch die Verbindung von zwei Fernschreibern können Nachrichten ausgetauscht werden. Bis 1982 gab es rund 1,4 Millionen Teilnehmer weltweit, davon rund 150 000 allein in Deutschland. Die Geräte sind heute moderner und verfügen auch über Speichereinheiten. Trotzdem ist absehbar, daß Telex keine Zukunft haben wird. Die moderne Form, die auf das gesamte Telexnetz zurückgreifen kann, ist Teletext. Die wesentlichen Unterschiede ergeben sich aus der nachfolgenden Übersicht (Stand 1985):

Merkmale	Telex	Teletext
Zeichenvorrat	54 Zeichen	309 Zeichen
Teilnehmer BRD	150 000	14 000 (+ Telex)
Übertragungsdauer DIN-A4-Brief	180 Sek.	12 Sek.
Sendung	von Bediener zu Bediener	automatisch von Speicher zu Speicher

Das **Eurosignal** ist ein sehr kleiner Funkempfänger, der Ihnen durch einen Piepston bzw. ein bis maximal vier Lichtsignalen anzeigt, daß Sie zu Hause oder in der Firma zurückrufen sollen.

Ein weiteres sinnvolles Zusatzgerät ist der **Anrufbeantworter**. Auch er hilft Ihnen Zeit zu sparen. Sie sind jederzeit erreichbar, und Ihnen werden nur die notwendigen Informationen übermittelt (private Gespräche entfallen). Man unterscheidet drei grundsätzliche Typen:

- **reiner Anrufbeantworter**

  Hier erhält der Anrufer nur eine Information von Ihnen, die auf einer Cassette gespeichert ist.

- **Anrufbeantworter mit Sprachaufzeichnung**

  Hier kann der Anrufer zusätzlich eine Nachricht für Sie hinterlassen. Das Gerät verfügt demzufolge über mindestens zwei Cassetten (eine Ansage- und eine Aufzeichnungscassette).

- **Anrufbeantworter mit Sprachaufzeichnung und Fernabfrage**

  Hierbei haben Sie die Möglichkeit, von außerhalb durch Anwahl Ihres Telefons und unter Zuhilfenahme eines Code-Senders die aufgezeichneten Gespräche abzuhören.

Das letztgenannte Gerät ist der wirtschaftlichste und zeitsparendste Typ. In Verbindung mit dem Eurosignal können Sie sofort erfahren, daß jemand angerufen hat. Und Sie sind mit Hilfe der Fernabfrage in der Lage, sich über den Anruf zu informieren.

4. Die persönliche Arbeitsorganisation

Nach H. Blohm (Organisation, Information und Überwachung. Wiesbaden, 1969) ist **Organisation**:

... die auf Dauer gerichtete, methodische Zuordnung von Menschen und Sachmitteln, um für deren bestmögliches Zusammenwirken im Sinne einer dauerhaften Erreichung vorgegebener Ziele die günstigsten Bedingungen zu schaffen.

Jedes Gebilde, damit auch das Unternehmen, in dem Sie arbeiten, ist in irgendeiner Form organisiert. Es versteht sich von selbst, daß jedes Unternehmen an seiner Organisation feilt, sie optimieren will. Große Unternehmen verfügen über eigene Organisationsabteilungen. Warnen muß man sicherlich vor den beiden Extremen: zu wenig (Unter-) und zu viel (Über-)Organisation.

Während die Unternehmensorganisation von kaum jemandem als unnötig betrachtet wird, muß man vielfach jedoch feststellen, daß die **persönliche Arbeitsorganisation** nur lückenhaft oder gar nicht beachtet bzw. optimiert wird.

Bedenken Sie bitte, daß Sie, von wenigen Ausnahmen abgesehen, Ihren Lebensunterhalt bzw. den Ihrer Familie mit Arbeit verdienen müssen. Während die einen die Arbeit kaum bewältigen und Überstunden machen müssen, erledigen die anderen die gleiche Arbeit leicht in der normalen Arbeitszeit bzw. schaffen die gleiche Leistung in kürzerer Zeit oder mit erheblich geringerer Anstrengung.

Sicherlich kann dies vielfältige Gründe haben, oft liegt es jedoch an der fehlenden oder nicht ausreichenden Organisation der eigenen Arbeit. Sie erreichen mehr bzw. bessere Ergebnisse, wenn Sie folgendes beachten:

1. Organisieren Sie die zur Verfügung stehende Zeit (Zeitplanbücher).
2. Vermeiden Sie Störungen bei wichtigen Arbeiten.
3. Vermeiden Sie Zettelwirtschaft.
4. Arbeiten Sie an einem möglichst leeren Schreibtisch (keine Aktenberge).
5. Heben Sie nichts Unwichtiges auf, werfen Sie es sofort weg.
6. Erledigen Sie wichtige Arbeiten sofort, verschieben Sie sie nicht.

7. Arbeiten Sie so viel wie möglich mit Checklisten und Arbeitsablaufplänen — so vergessen Sie nichts und es geht schneller.
8. Beachten Sie Ihre persönliche Leistungskurve und richten Sie Ihre Arbeit danach aus.

5. Die individuelle Arbeitsplatzgestaltung

Einen ganz wesentlichen Einfluß auf die Qualität der Arbeit hat der zur Verfügung stehende **Arbeitsplatz**. Dies gilt übrigens nicht nur für die gewerblich Tätigen, sondern auch für die in der Verwaltung Tätigen. Dies betrifft auch nicht ausschließlich den Chef oder Vorgesetzten, sondern alle Mitarbeiter. Voraussetzung ist, daß man sich

- am Arbeitsplatz wohl fühlt und
- der Arbeitsplatz funktional ist.

Wesentliche Aspekte bei der Beurteilung des Raumes, in dem sich Ihr Arbeitsplatz befindet, sind u. a.:

- **Größe des Raumes**

  Hierbei kommt es nicht darauf an, ob es sich um ein Einzel-, Mehr-Personen- oder Großraumbüro handelt. Wichtig ist, daß der Mitarbeiter bzw. die Mitarbeiterin über genügend Platz entsprechend der ausgeübten Funktion verfügen kann.

- **Lichtverhältnisse**

  Sowohl natürliches als auch künstliches Licht muß ausreichend vorhanden sein. Das künstliche Licht sollte möglichst flexibel einsetzbar sein (also nicht nur Decken-, sondern auch Schreibtischleuchten). Sowohl zu viel wie auch zu wenig Licht beeinträchtigen die Arbeitsleistung.

- **Lärm**

  Lärm, ob er nun von außen oder von innen kommt, ist immer störend und ab einer gewissen Phonzahl gesundheitsschädigend. Unabhängig davon hat Lärm, der bewußt oder unbewußt als störend empfunden wird, immer Auswirkungen auf die Arbeitsleistung.

- **Wärme**

  Die Klimaverhältnisse im Raum sollten möglichst nicht schwanken. Zu vermeiden sind zu warme wie zu kalte Räume. Da das Wärmeempfinden der Menschen sehr unterschiedlich ist, kann es bei Mehrpersonenarbeitsräumen zu Schwierigkeiten kommen.

- **Ausstattung**

  Die Arbeitsräume müssen funktional ausgestattet sein. Aber auch die Umgebung spielt eine Rolle, also der Anstrich, die Wand- und Fensterdekoration, der Fußbodenbelag, Bepflanzungen usw. Insbesondere sollte es möglich sein, den eigenen Arbeitsplatz mit persönlichen Ausstattungsdetails auszuschmücken.

Bei der Gestaltung des Arbeitsplatzes selbst geht es nicht um Image- und Hierarchiefragen, obwohl sie oft eine wichtige Rolle spielen, sondern zuvorderst um die **Funktionalität**. Investitionen in funktionale Arbeitsplätze sind i. d. R. betriebswirtschaftlich äußerst sinnvoll.

Beispiel:

Ein moderner Sachbearbeiter-Arbeitsplatz kostet beispielsweise 4000 DM. Bei einer angenommenen Nutzungsdauer von zehn Jahren ergibt dies Kosten von DM 0,24 je Stunde (bei 210 Arbeitstagen mit acht Stunden). Dies sind bei einem Stundenlohn des Mitarbeiters (für das Unternehmen) von angenommen 40 DM ganze 0,6 %. Es dürfte kaum der Rede wert sein, daß sich die Arbeitsproduktivität eines Mitarbeiters, der sich an seinem Arbeitsplatz wohlfühlt und

Abb. 25 *Moderner Arbeitsplatz* (König + Neurath)

dessen Arbeitsplatz funktional ausgestattet ist, um mehr als 0,6% erhöht.

Ein funktionaler Arbeitsplatz ist nicht einfach ein Schreibtisch, sondern ein flexibles System. Aufbauend auf einer Grundausstattung bietet ein derartiges System die Möglichkeit, unterschiedlichsten Arbeitsaufgaben zu entsprechen. Wesentlich ist dabei, daß man zu einem späteren Zeitpunkt, wenn beispielsweise Arbeitsfunktionen wegfallen bzw. andere hinzukommen, den Arbeitsplatz umgestalten kann.

Daneben sollte ein moderner Arbeitsplatz aber auch den Menschen in den Vordergrund stellen. Dies bedeutet, daß die Schreibplattenhöhe verstellbar sein muß, idealerweise bis hin zur alten Stehpultfunktion. Es versteht sich von selbst, daß die Elektrifizierung wegen der vielfältigen technischen Hilfsmittel in Kabelschächten mit integrierten Steckdosen standardisiert sein sollte. Damit entfällt der Kabelsalat um den Schreibtisch herum. Dies vermindert die Unfallgefahr und sieht einfach besser aus.

Zum Arbeitsplatz gehört natürlich auch die **Sitzgelegenheit**, der aufgrund der vielfältigen Rückenleiden erhöhte Aufmerksamkeit geschenkt werden sollte. Achten Sie auf Verstellbarkeit in Höhe, Neigung und Auflagefläche. Bevorzugen Sie atmungsaktive Bezüge (kein schweißförderndes PVC) und wählen Sie nur solche Sitzmöbel aus, die sowohl Becken wie auch Wirbelsäule in der erforderlichen Weise unterstützen. Sparen Sie nicht an Ihrem eigenen Stuhl bzw. an denen Ihrer Mitarbeiter. Bedenken Sie, daß Ausfälle wegen Rückenleiden nie kurzfristig, sondern regelmäßig langwierig sind. Aber bereits eine Krankheitswoche kostet Sie erheblich mehr als ein moderner Stuhl.

Zusammenfassung Kapitel 8

① **Verwenden Sie Zeitplanbücher.**

② **Setzen Sie Personal-Computer ein.**

③ **Nutzen Sie die Telekommunikation.**

④ **Organisieren Sie Ihre persönliche Arbeit.**

⑤ **Gestalten Sie Ihren Arbeitsplatz optimal.**

Kapitel 9: Das psychische Training

Niemand ist frei,
der nicht über sich selbst Herr ist.

MATTHIAS CLAUDIUS

Ein Schlagwort unserer modernen Zeit: STRESS.

Wie oft sagen wir: *»Ich bin gestreßt.«*
»Was war das heute für ein Streß.«
»Mein Gott, ist das stressig.«

Meist hat dann der alltägliche (Leistungs-)Druck überhand genommen, ein bestimmtes Maß überstiegen. Dies äußert sich in den unterschiedlichsten Symptomen, z.B.:

- Kopfschmerzen
- Migräne
- Herzbeschwerden (ohne organische Ursachen)
- Nervosität
- Gereiztheit
- Durchfälle
- Schweißausbrüche
- Magenbeschwerden
- Einschlafstörungen
- Schlafstörungen

Diese Symptome sind natürliche Signale des menschlichen Körpers und warnen vor einer Überforderung des Organismus. Wer diese Warnsignale überhört oder verdrängt, gefährdet unweigerlich seine Gesundheit, er wird krank. Aus einer sogenannten **vegetativen Dystonie** werden organische — oftmals lebensbedrohende — Erkrankungen.

Ein wesentlicher, äußerst interessanter, aber auch heute noch nicht vollkommen erforschter Teil des menschlichen Organismus ist das

vegetative Nervensystem.

Das vegetative Nervensystem ist die Steuerzentrale des menschlichen Organismus, von der alle Impulse ausgehen. Es ist damit die komplizierteste Einrichtung, über die der Mensch verfügt.

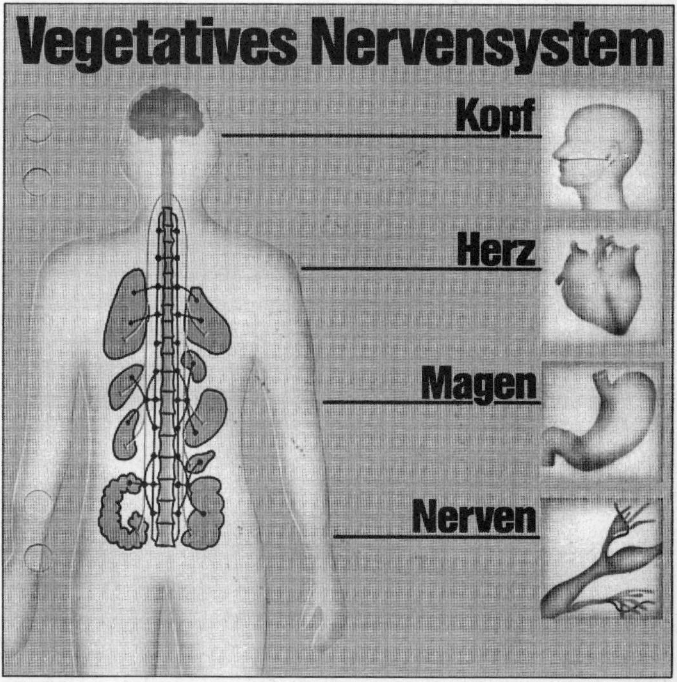

Abb. 26 *Das vegetative Nervensystem*

Im vegetativen Nervensystem werden alle wichtigen Organfunktionen des Körpers gesteuert. Bei einer Störung entwickeln sich gesundheitliche Beeinträchtigungen des menschlichen Organismus, insbesondere in den Bereichen des Kopfes, des Herzens, des Magens und der Nerven. Darüber hinaus können aber auch alle anderen Bereiche, wie beispielsweise Nieren, Blase oder Galle betroffen werden.

Es hilft im übrigen kaum, die Symptome durch Medikamente, Alkohol, Nikotin usw. zu bekämpfen. Der Einsatz von Medikamenten kann nur kurzfristig und in Verbindung mit einem verantwortungsvollen Arzt erwogen werden. Langfristig und endgültig kann nur die Bekämpfung der Ursachen helfen. Unterstützen und vorbeugen kann man durch den Einsatz von Heilpflanzen. Aber auch deren unkritische Anwendung (erhebliche Mengen und über einen längeren Zeitraum) ist nicht empfehlenswert.

1. Streß und wie man ihn bewältigt

Streß ist ein lebenswichtiger Vorgang in unserem Körper. Ohne Streß könnten wir nicht leben. Jede einzelne Handlung unseres Lebens wird durch Streß begleitet. Wir werden jeden Tag gefordert — gereizt. Diese Reizfaktoren (Stressoren) können negativ oder positiv sein. Gesundheitsschädlich ist sowohl zuviel wie auch zuwenig Streß. Streß ist übrigens nicht auf den beruflichen Bereich beschränkt, sondern tritt gleichermaßen im privaten Bereich auf.

Der Streß diente dem Urmenschen als Überlebenshilfe. Innerhalb von Bruchteilen einer Sekunde wurde der ganze Organismus in Alarmbereitschaft versetzt. Durch die Ausschüttung von Adrenalin (ein Hormon des Nebennierenmarks) wurde Energie frei- und in Kraft umgesetzt. Der Urmensch nahm seine Beine in die Hand und floh, er rannte um sein Leben. Durch diese körperliche Anstrengung wurde der Streß verarbeitet, er blieb ohne Schaden. Heute kann keiner mehr fliehen, die Streßverarbeitung unterbleibt. Und da liegt das Problem.

Denken Sie einmal nach. Eine Situation, die Sie vielleicht selbst schon einmal erlebt haben. Sie fahren einen PKW. Plötzlich tritt eine Gefahrensituation ein. Instinktiv reißen Sie das Steuer herum oder machen eine Vollbremsung. Ihr Wagen steht, es ist (hoffentlich) nichts passiert. Sie steigen aus. Was bemerken Sie: Ihre Beine werden weich, Ihre Hände zittern, Schweiß bricht aus. Eine typische Streß-Situation.

Das Streßgeschehen innerhalb unseres Körpers läuft in drei Phasen ab (nach Hans Selye):

1. Alarm-Reaktion

In dieser ersten Phase löst ein bestimmter Tatbestand Streß aus und versetzt damit den Körper in einen Alarmzustand. Hier treten nun eine Reihe von Symptomen auf, beispielsweise: Müdigkeit, Muskelschmerzen, Fieber, Unwohlsein usw. Ergibt sich nun keine Veränderung der streßauslösenden Situation, so tritt die nächste Phase ein:

2. Widerstand

In dieser zweiten Phase verschwinden die Symptome. Der Organismus paßt sich durch eine erhöhte Widerstandskraft der belasteten Situation an. Diese Angleichung nimmt der Körper durch die Ausschüttung bestimmter streßabbauender Hormone vor. Hält die streßauslösende Situation dennoch weiter unvermindert an, so tritt unweigerlich die nächste Phase ein:

3. Erschöpfungsphase

In dieser dritten Phase treten nunmehr die Symptome der ersten Phase wieder auf, allerdings mit dem Unterschied, daß der Organismus sich nun nicht mehr selbst helfen kann. Es treten Krankheiten auf. Dies ist praktisch die Notbremse des Körpers.

Sicherlich wird die Begegnung mit einem zähnefletschendem Schäferhund andere Gefühle in Ihnen auslösen als der leidenschaftliche Kuß Ihres Partners. Beides jedoch sind intensive Reize. Einmal negativer Art, einmal positiver Art. Es muß also zwei unterschiedliche Arten des Stresses geben. Und so ist es auch:

(1) der positive, heilende Streß

Wie bereits gesagt, kann der Mensch ohne Streß nicht leben, er würde krank. Wie bei vielen anderen Dingen kommt es jedoch auf die Menge an. Mit einer wohldosierten Menge an Aktivität erreichen Sie ein ideales Leistungspotential.

Ein weiterer, sehr wesentlicher Einflußfaktor ist die körperliche und physische Verfassung, in der Sie sich befinden. Sind Sie sowohl körperlich wie geistig stabil und von einer positiven Grundhaltung geprägt, so wirken Erlebnisse negativer Art längst nicht so stark bzw. positive Erlebnisse um so stärker auf Sie, als wenn Sie physisch und körperlich geschwächt sind. Haben Sie darüber hinaus noch eine pessimistische Grundeinstellung, wird alles noch schlimmer.

Denken Sie auch immer daran, daß das menschliche Leben nicht nur aus guten und positiven Situationen, sondern auch aus unangenehmen Dingen besteht. Akzeptieren Sie dies, aber resignieren Sie nicht. Sagen Sie nicht:

»Es hat doch alles keinen Sinn!«

sagen Sie:

»Es wird schon wieder!«

(2) der negative, krankmachende Streß

Streß ist erst dann negativ, schädlich, also krankmachend, wenn Sie einem Übermaß an Streß ausgesetzt sind oder zu vielen Stressoren (Streßauslöser) gleichzeitig. Wenn Sie hier nicht rechtzeitig den Streß verarbeiten und abbauen, also entspannen, läuft das Faß über. Übrigens ist dessen Fassungsvermögen bei jedem Menschen unterschiedlich.

Je nach körperlicher und physischer Verfassung und Einstellung ist das Volumen bemessen. Läuft das Faß jedoch einmal über, so sind die Auswirkungen gleich. In der Regel wehrt sich der Organismus dann zuerst mit Krankheitssymptomen am schwächsten Organ Ihres Körpers. Jeder Mensch hat so eine Schwachstelle. Wird hier nicht rechtzeitig gegengesteuert, so können die Krankheiten chronisch werden bis hin zum Ausbruch von Krebs. Wenn es auch noch nicht letztendlich bewiesen ist, so spricht doch vieles dafür, daß psychische Faktoren bei Allergien und auch Krebs eine nicht unwesentliche Rolle spielen.

Eine Vielzahl von Sprichwörtern und Lebensweisheiten kennzeichnen dies. Sicherlich kennen Sie auch welche davon:

Dem ist etwas über die Leber gelaufen.
Dem kocht die Galle über.
Mir ist etwas auf den Magen geschlagen.
Das ging ihr an die Nieren.
Das nimmt er sich aber zu Herzen.
Geh' mir nicht auf die Nerven.

Streß hat jeder, Streß braucht jeder. Vermeiden Sie jedoch übermäßigen Streß, und Sie bleiben gesund und leistungsfähig. Übermäßigen Streß können Sie jedoch nur vermeiden, wenn Sie den Streß verarbeiten, also abbauen, bewältigen und überwinden.

Obwohl Sie dabei sicherlich dem einen oder anderen nachfolgend dargestellten Fehler hin und wieder erliegen werden, sollten Sie diese falschen Formen der Streßbewältigung nicht zur Regel werden lassen. Sie helfen Ihnen nicht, sie verschlimmern sogar Ihre Situation bzw. bergen zusätzliche Schwierigkeiten in sich.

Vermeiden Sie unbedingt jegliche Hektik. Sie verlieren ansonsten unweigerlich den Überblick, bis Sie schließlich durchdrehen.

Lassen Sie nicht alles still über sich ergehen. Unwesentliche Dinge erledigen sich zwar oft von selbst, Probleme sind jedoch nicht unwesentlich. Sie müssen sie angehen, sie lösen, sonst werden Sie letztendlich resignieren.

Vermeiden Sie unkontrolliertes und vor allem übermäßiges Essen und Trinken. Greifen Sie nicht zu Medikamenten ohne ärztliche Anweisung. Vertrauen Sie darüber hinaus keinem Arzt, der Streßerkrankungen über einen längeren Zeitraum ausschließlich medikamentös behandeln will.

Positive Streßbewältigung wird hauptsächlich durch Entspannung erzielt, d.h. die Ableitung aufgebauter Spannungen. Die meisten Menschen entspannen sich vielfach automatisch:

- Ein kühles Bad oder eine Dusche belebt.
- Ausreichender Schlaf oder ein »Nickerchen« zwischendurch regeneriert.
- Ein ausgedehnter Spaziergang im Wald läßt durchatmen.
- Eine sportliche Betätigung bringt den Kreislauf auf Touren, baut Aggressionen ab.
- Ein Hobby lenkt ab.

Dies sind nur einige von vielen Möglichkeiten, die auch noch in vielfältigen Variationen betrieben werden können. Wer solche »automatischen« Entspannungstechniken anwendet, dessen Belastbarkeit ist sicherlich höher, als bei jemandem, der sich nur vom Fernsehen berieseln läßt und dabei als einzige Tätigkeit Bier trinkt und Chips ißt.

Sind allerdings trotz einer vernünftigen und ausgeglichenen Lebensweise die Stressoren so zahlreich und die Anforderungen so hoch, daß dies nicht mehr ausreicht, so müssen zusätzliche spezielle Entspannungstechniken gelernt und angewendet werden.

Es schadet Ihnen übrigens nicht, wenn Sie wenigstens eine dieser Entspannungstechniken vorbeugend auch dann einsetzen, wenn Streß für Sie (noch) ein Fremdwort ist.

2. Entspannungstechniken für jeden

Es gibt eine Vielzahl von **Entspannungstechniken**. Einige wesentliche werden im folgenden kurz dargestellt. Es ist jedoch nicht Aufgabe dieses Buches, Ihnen die Entspannungstechniken umsetzbar zu vermitteln. Hierzu gibt es eine ausreichende Anzahl an Literatur. Die meisten Menschen werden diese Techniken jedoch nur dann sinnvoll einsetzen können, wenn sie durch einen erfahrenen, auch medizinisch ausgebildeten Trainer systematisch vermittelt werden.

Es gibt allerdings keine für alle optimale Technik. Sie müssen selbst erproben, ob Sie mit der entsprechenden Technik zurecht kommen, ob Sie Ihnen hilft. Wenn eine Technik Ihre Wünsche und Vorstellungen nicht erfüllt, lassen Sie es, und versuchen Sie eine andere Entspannungstechnik.

Merken sollten Sie sich dabei jedoch:

1. Achten Sie auf die Qualität des Trainers.
2. Kommen Sie in der Gruppe nicht zurecht, wählen Sie das Einzeltraining.
3. Wenden Sie die Technik nicht nur an, wenn Sie sie benötigen, sondern regelmäßig, also vorbeugend.
4. Glauben Sie an den Erfolg, sonst scheitern Sie.

a) Spontanentspannung

Die **Spontanentspannung** ist ein Teilbereich der von E. Jacobsen entwickelten »systematischen progressiven Muskelentspannung«. Mit Hilfe dieser Technik können Sie alle Muskeln, die Sie durch Ihren Willen beeinflussen können, entspannen. Also beispielsweise:

Gesicht, Nacken, Schultern, Arme, Hände, Brust, Bauch, Rücken, Gesäß, Oberschenkel, Unterschenkel, Füße.

Die einzelnen Übungen laufen in fünf Phasen ab.

1. Anspannen
2. Festhalten der Anspannung für einen begrenzten Zeitraum (etwa 10 Sekunden)
3. Wahrnehmung der Anspannung
4. Wahrnehmung des Übergangs zur Entspannung
5. Entspannung

Das Training selbst läuft in Stufen ab. In der ersten Stufe werden Ihnen die Grundlagen vermittelt, in der zweiten Stufe beschränken Sie sich auf einzelne Muskelgruppen, in der dritten Stufe entspannen Sie alle Muskelgruppen gleichzeitig und in der letzten Stufe sind Sie in der Lage, alle Muskelgruppen ohne vorherige Anspannung zu entspannen (Spontanentspannung).

Der innerliche Ablauf und die Wirkung ist wie folgt:

Durch die Anspannung der Muskeln wird Blut aus den Adern gepreßt. Bei der anschließenden Entspannung erschlafft der Muskel, die Blutgefäße füllen sich wieder. Durch die abwechselnde An- und Entspannung stellt sich ein Schwere- und Wärmegefühl ein, weil das Blutvolumen erhöht und damit eine bessere Durchblutung erreicht wurde.

b) Autogenes Training

Das **autogene Training** ist eine vielfach, auch schon erfolgreich bei Kindern eingesetzte psychotherapeutische Methode, die in den zwanziger Jahren von Prof. J. H. Schulz aus den Erfahrungen der Hypnose heraus entwickelt wurde und heute als *die* systematische Selbstentspannungsmethode gilt.

Die **Ziele** des autogenen Trainings sind:

1. Selbstentspannung von Muskulatur und Blutgefäßen, insbesondere der oberflächigen Hautgefäße.
2. Beruhigung, Angstabbau und Förderung eines störungsfreien Schlafes.
3. Regeneration mit anschließender Leistungssteigerung.
4. Regulierung unwillkürlicher Körperfunktionen, insbesondere des Herzens, der Verdauung und der Atmung.
5. Beseitigung bzw. Milderung von Schmerzempfindungen.
6. Kontrolle des Körpers durch aus dem Unterbewußten wirkende automatisch ablaufende Vorgänge aufgrund bestimmter Formeln.

Die Grundstufe besteht dabei aus sechs Übungen:

1. Die Schwereübung
2. Die Wärmeübung
3. Die Herzübung
4. Die Atemübung
5. Das Sonnengeflecht
6. Die Stirnübung

Sie sollten sich allerdings das autogene Training möglichst nicht selbst beibringen, sondern einen Kurs wählen (fast jede Volkshochschule bietet derartige Kurse an), der von einem medizinisch aus- bzw. vorgebildeten Trainer geleitet wird.

c) Weitere Methoden

Einige weitere, heute häufig angewandte Methoden, sind die nachfolgend kurz dargestellten. Bei Bedarf informieren Sie sich bitte ausführlich bei Ihrem Arzt, oder achten Sie auf die Angebote der Volkshochschule bzw. anderer vergleichbarer Veranstalter.

Beim **Biofeedback** handelt es sich um eine neuartige Therapieform. Mit ihr können unter weitgehendem Verzicht auf Medikamente nervöse Störungen und deren Auswirkungen, wie Herz- und Kreislaufbeschwerden, Angstzustände und Schlafstörungen erfolgreich behandelt werden. Bei dieser Methode werden dem Patienten mit elektronischer Hilfe seinc eigenen Atembewegungen optisch und akustisch wahrnehmbar gemacht. Schon nach kurzer Übungszeit erzeugt dieses Verfahren eine tiefe innere Ruhe und Gelassenheit bei den damit behandelten Personen.

Yoga ist eigentlich keine Methode, sondern eine Philosophie, die den Menschen ganzheitlich, also sowohl Körper wie auch Geist und Gefühl, anspricht. Yoga hat einfach ausgedrückt das Ziel: In einem gesunden Körper soll auch ein gesunder Geist wohnen. Man kennt unterschiedliche Yoga-Formen, so beispielsweise:

- *Gnana-Yoga (spirituell)*
- *Bahkti-Yoga (emotional)*
- *Raja-Yoga (geistig)*
- *Hatha-Yoga (körperlich)*

Die hierzulande wohl am weitesten verbreitete Form ist das Hatha-Yoga, das schon seit gut 1000 Jahren bekannt ist.

Der **Meditation** hängt etwas Mystisches, Geheimnisvolles an. Deshalb ist ihre Beschreibung auch nicht ganz einfach.

Der Wortursprung ist lateinisch und kommt von *meditari* (= nachsinnen). Man könnte deshalb Meditation als »Insichhineinsehen«, als »Weg zum eigenen Ich« charakterisieren. Es gibt auch hier eine Vielzahl von unterschiedlichen Formen:

- *buddhistische Meditation*
- *christliche Meditation*
- *Zen Meditation*
- *psychotherapeutische Meditation*
- *dynamische Meditation*

Die Meditation ist beileibe nicht nur etwas für Gurus oder ähnliche, vielfach belächelte oder für verrückt gehaltene Menschen, sondern eine durchaus hilfreiche Methode für alle in unserer heutigen reizüberfluteten Zeit. Voraussetzung ist aber auch bei der Meditation, wie bei allen anderen hier angesprochenen Methoden, daß sie systematisch **erlernt** und **geübt** und anschließend ständig **angewandt** werden.

3. Wie man seine persönliche Leistungskurve ermittelt

Die Leistungsfähigkeit des Menschen ist über den ganzen Tag betrachtet nicht gleichhoch. Sie schwankt sogar erheblich. Der durchschnittliche Rhythmus ergibt sich aus der nachfolgend abgebildeten REFA-Normkurve.

»Morgenstund hat Gold im Mund«

sagt eine alte Volksweisheit. Die Wahrheit dieser Volksweisheit ist aus Abbildung 27 zu entnehmen.

Der absolute Höhepunkt der Leistungsfähigkeit liegt am späten Vormittag. Dieser Wert wird im ganzen Tagesverlauf nicht mehr erreicht. Dem Nach-Mittags-Tief folgt ein kurzes Zwischenhoch am frühen Abend. Danach sinkt die

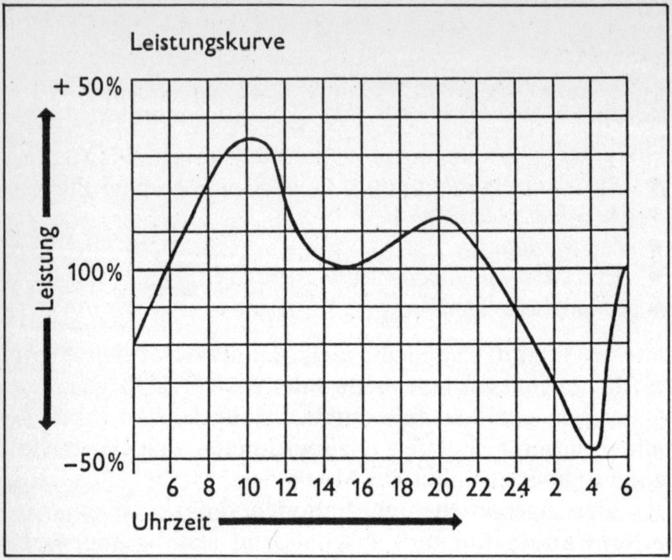

Abb. 27 *Durchschnittliche Leistungskurve eines Menschen im Tagesverlauf*

Leistungsfähigkeit kontinuierlich ab und erreicht am frühen Morgen das absolute Tief, um danach wieder rapide anzusteigen.

So wie es Frühaufsteher und Langschläfer gibt, trifft diese Normkurve natürlich nicht auf jeden Menschen zu, so daß es durchaus individuelle Verschiebungen zeitlicher Art geben kann. Die Kurve selbst bleibt jedoch im wesentlichen gleich.

Es ist nun wichtig für Sie, daß Sie Ihre persönliche Leistungskurve ermitteln. Fertigen Sie sich ein Schema wie in Abb. 27 an und beobachten Sie ruhig über einen längeren Zeitraum bewußt Ihre Leistungsfähigkeit.

Haben Sie erst einmal Ihre persönliche Leistungskurve ermittelt, so können Sie ohne besondere Anstrengung Ihre

Leistung (Ihre Produktivität, Ihren Output) erheblich steigern, indem Sie Ihre Arbeits- und Zeitorganisation hierauf abstimmen. Bedienen Sie sich dafür der **ABC-Analyse**.

A-Aufgaben erledigen Sie im Leistungshoch, die B-Aufgaben im Zwischenhoch, und die C-Aufgaben bzw. die Zeit der Regeneration erledigen Sie im Leistungstief.

Nun werden Sie womöglich einwenden: »Alles Theorie, läßt sich in der Praxis nicht durchführen. Ich muß auch mal wichtige Dinge während eines Leistungstiefs erledigen.«

Zugegeben, Sie können Ihren Arbeitstag nicht immer hundertprozentig nach Ihrer Leistungskurve einrichten. Wenn Sie aber bei der Organisation des Arbeitstages Ihre Leistungskurve beachten, werden Sie erfolgreicher sein, als wenn Sie dies nicht tun. Und sollten Sie wichtige Arbeiten nun mal im Tief erledigen müssen, so wissen Sie zumindest, daß Sie mehr Zeit und Anstrengung werden investieren müssen.

Ein Tip: Legen Sie sich Ihre persönliche Leistungskurve in Ihren Kalender (besser Zeitplanbuch). Bei der Eintragung wichtiger Termine beachten Sie Ihre Leistungskurve dann automatisch. Notfalls verschieben Sie den Termin, falls möglich auch auf einen anderen Tag.

Beachten Sie auch, daß Ihre Tagesarbeitsleistung wesentlich davon abhängt, ob Sie ausreichende **Kurzpausen** einlegen.

Mit zunehmender Arbeitszeit sinkt die Konzentration, und die Leistungsfähigkeit läßt nach. Diese fällt im letzten Viertel einer Stunde extrem ab. Optimal wäre aufgrund medizinischer Untersuchungen eine Pause von zehn Minuten nach einer Arbeitszeit von einer Stunde. Die Pausen sollten nicht kürzer als fünf Minuten und nicht länger als zehn Minuten sein. Kürzere und längere Pausen bringen keinen oder keinen zusätzlichen Regenerationseffekt.

Dies ist allerdings heute leider vielfach bloße Theorie, weil in der Praxis nur wenige Menschen ihre Arbeitszeit frei gestalten können. Darüber hinaus berücksichtigen auch die meisten Arbeitgeber dies nicht in der erforderlichen Form. Es läßt sich zwar auch nicht immer durchführen, jedoch öfter als man denkt.

Notwendige Aufgaben werden häufig außerhalb der normalen Arbeitszeit oder gar an Wochenenden erledigt. Wer dies einmal gemacht hat, wird sicherlich festgestellt haben, daß er ohne störendes Telefon und Mitarbeiter eine bestimmte Arbeit in einem viel kürzeren Zeitraum bzw. in einem bestimmten Zeitraum ein größeres Arbeitspensum erledigen konnte. Wie kommt das?

Dieser Zeitverlust, der bis zu 30% der Arbeitszeit betragen kann, entsteht durch das ständige Wiederneuanfangen. Nach einer Störung benötigt jeder Mensch einen gewissen Zeitraum, bis er den Stand erreicht, der vor der Störung bereits erreicht war. Was ist also zu tun?

Niemand muß den ganzen Tag ständig telefonisch und persönlich für Mitarbeiter, Kollegen und Kunden erreichbar sein. Dies gilt ja ganz selbstverständlich für auswärtige Termine oder interne Besprechungen.

Wenn Sie dies wissen, ist Abhilfe einfach. Sie reservieren einen privaten Termin für sich selbst, Sie sind offiziell »nicht da«. Während dieser störungsfreien Zeit (dies können einmal 30 Minuten sein, eine Stunde oder auch mal mehr) erledigen Sie ausschließlich A-Aufgaben.

Darüber hinaus sollten Sie über einen längeren Zeitraum Ihre Störungen im Tagesablauf festhalten. Sie werden dann feststellen, daß bestimmte Störungen sich in bestimmten Zeitabschnitten häufen. Sie sollten nunmehr Ihren privaten Termin (so wie zuvor definiert) in die störungsfreien Zeiträume legen. Die Erledigung von C-Aufgaben können Sie unbesorgt in die störungsintensiven Zeiträume legen.

Stimmen Sie die **Tagesstörkurve** aber auch mit Ihrer Leistungskurve ab. Sicherlich ist die Umsetzung für Personen mit Leitungsfunktionen einfacher möglich als dies für andere Arbeitnehmer der Fall ist. Versuchen Sie jedenfalls Ihren Chef von den Vorteilen zu überzeugen, die sich daraus auch für das Unternehmen ergeben.

Zusammenfassung Kapitel 9

① **Berücksichtigen Sie Ihr vegetatives Nervensystem.**

② **Streß ist für Sie lebensnotwendig.**

③ **Zuviel (falscher) Streß schadet Ihnen.**

④ **Beachten Sie Streß-Phasen. Reagieren Sie!**

⑤ **Suchen Sie positiven Streß, meiden Sie negativen Streß.**

⑥ **Überwinden Sie Streß.**

⑦ **Wenden Sie Entspannungstechniken an.**

⑧ **Beachten Sie Ihre Leistungskurve.**

⑨ **Nutzen Sie stille Stunden (Pausen).**

⑩ **Minimieren Sie Störungen.**

Kapitel 10: Das körperliche Training

Nur in einem gesunden Körper wohnt auch ein gesunder Geist.

Jede Art von sportlicher Betätigung in Maßen betrieben steigert die Vitalität unseres Körpers und gibt ihm neue Kraft und Energie. Durch die körperlichen Aktivitäten wird die Sauerstoffzufuhr erhöht und der Sauerstofftransport im Blut verbessert. Von regelmäßiger sportlicher Betätigung profitieren nicht nur Muskeln und Hirnzellen, sondern ganz besonders unser Motor, das Herz. Ein trainiertes Herz verkraftet höhere Belastungen. Dadurch kann entscheidend einem Herzinfarkt vorgebeugt werden.

Unsere Zeit ist bewegungsarm geworden. Wir fahren zur Arbeit (im Auto bzw. öffentlichen Verkehrsmitteln), sitzen oder stehen an unserem Arbeitsplatz, sitzen in der Mittagspause in der Kantine, fahren abends sitzend nach Hause, sitzen beim Abendessen und anschließend vor dem Fernsehen und legen uns dann schlafen. Bewegungsarmut ist damit ein Übel, das wir uns durch die Steigerung der Lebensqualität eingehandelt haben.

Befreien Sie sich deshalb so weit wie möglich von dieser Bewegungsarmut. Körperliche Aktivitäten dienen Ihrer Gesundheit und zwar u.a. durch

- eine verbesserte Sauerstoffzufuhr,
- das Training von Muskeln, hier ganz besonders des Herzmuskels und

- den positiven Einfluß auf Gewicht, Blutgefäße und Kreislauf.

Hinzu kommen darüber hinaus noch positive Einflüsse auf Psyche und vegetatives Nervensystem.

1. Die Körperhaltung

Zur fehlenden Bewegung kommt auch noch eine falsche **Körperhaltung**. Der Körperhaltung wird bereits im Kindesalter zu wenig Beachtung geschenkt. Aus diesem Grund ist Sport gerade für Kinder absolut unverzichtbar.

Die beiden grundsätzlichen Fehler bei der Körperhaltung sind einerseits eine **falsche** Körperhaltung und andererseits eine **einseitige** Körperhaltung.

Falsche Körperhaltungen finden wir beim Stehen, Sitzen, Bücken, Liegen usw. Einseitige Körperhaltung bedeutet, daß wir zu lange sitzen, stehen oder liegen. Das schlimmste ist dann einseitige und falsche Körperhaltung zugleich.

Bemühen Sie sich demzufolge um eine richtige Körperhaltung (nehmen Sie hierzu Rücksprache mit Ihrem Arzt) und vermeiden Sie möglichst längere einseitige Körperhaltungen.

Wenn Sie also eine sitzende Tätigkeit ausführen, stehen Sie öfter auf (telefonieren Sie beispielsweise im Stehen) und gehen Sie auch zwischendurch einmal um Ihren Schreibtisch herum oder in Ihrem Arbeitszimmer auf und ab. Wenn möglich machen Sie ab und zu einige kleinere gymnastische Übungen. Wenn Ihnen Ihr Arzt keine entsprechenden Übungsbeispiele gibt, finden Sie in jeder Buchhandlung hierzu ausreichende Lektüre (siehe auch Literaturverzeichnis).

2. Der Treppen- und Stufen-Test

Eine einfache Methode, Ihre Fitness zu beurteilen, ist der *Stufen-Test.* Bevor Sie sich an den Stufen-Test heranwagen, prüfen Sie besser erst einmal, ob Sie diesen Test überhaupt machen dürfen. Dazu dient der **Treppen-Test**.

Suchen Sie sich eine Treppe mit 50 bis 60 Stufen (i. d. R. drei bis vier Stockwerke). Gehen Sie diese Treppe normal, in einem durch, hoch. Müssen Sie unterwegs Pausen einlegen oder haben Sie am Ende der Treppe Atemschwierigkeiten, so ist entweder Ihre Fitness sehr gering oder es liegen andere Gründe vor. In diesem Fall sollten Sie bitte den Stufen-Test nicht durchführen, sondern Ihren Hausarzt aufsuchen, der die Ursachen für Ihre Atemschwierigkeiten ermitteln kann.

Eine weitere Warnung sollten Sie beim Stufen-Test unbedingt beachten: Fühlen Sie sich während des Testes in irgendeiner Form nicht wohl oder bekommen Sie Atemschwierigkeiten, brechen Sie den Test unverzüglich ab.

Der Stufen-Test läuft wie folgt ab:

Stellen Sie sich an die erste Stufe einer Treppe. Setzen Sie einen Fuß (den linken oder rechten, wie Sie wollen) auf die erste Treppenstufe, dann folgt der andere Fuß. Anschließend setzen Sie den ersten Fuß wieder zurück nach unten, dann den zweiten. Diesen Vorgang wiederholen Sie 24mal in der Minute, und das dann drei Minuten lang, insgesamt also 72mal. Halten Sie sich an diese Zahl, wobei ein oder zwei mehr oder weniger unerheblich sind. Nach einigen Übungen haben Sie diesen Rhythmus schnell heraus. Wenn Sie Ihre 72 »Steigungen« absolviert haben, warten Sie 60 Sekunden. Anschließend messen Sie bitte Ihren Puls. Mit der nachfolgenden Tabelle können Sie Ihren aktuellen Fitness-Stand ermitteln:

Pulsschläge in der Minute				Stufen-Test
Männer		Frauen		Beurteilung der Fitness
unter	über	unter	über	
45 Jahren				
unter 72	unter 76	unter 80	unter 84	sehr gut
72—84	76—88	80—92	84—96	gut
84—104	88—108	92—116	96—120	ausreichend
über 104	über 108	über 116	über 120	schlecht

Fitness-Tabelle — Stufen-Test

3. Sport und Gymnastik

Es gibt eine Vielzahl von körperlichen Bewegungsmöglichkeiten. Die nachfolgende Tabelle zeigt Ihnen eine Auswahl von Aktivitäten sowie den jeweiligen Energieverbrauch innerhalb von 30 Minuten und eine (grobe) Beurteilung der Herz- und Lungenfunktion, der Gelenke und Muskeln.

Bei Ihrem körperlichen Fitness-Programm sollten Sie nicht nach Höchstleistungen streben. Voraussetzung ist jedoch, daß Sie in jüngerem Alter zumindest einen Pulsschlag von 130 Schlägen in der Minute (bekannt: Trimming 130) erzielen. Die Grundregel lautet hier: 180 minus Lebensalter. Darüber hinaus sind regelmäßige Trainingsphasen (täglich, zweitäglich) besser als einmal in der Woche. Wenn Sie mehrmals in der Woche trainieren, können Sie die Trainingsabschnitte auch kürzer halten. Diese sollten jedoch wenigstens 20 Minuten dauern. Wichtig ist dabei, daß Sie »anständig ins Schwitzen kommen«.

Wählen Sie sich eine Sportart aus der nachfolgenden Tabelle oder aber auch eine andere aus. Entscheidend ist, daß Ihnen die Art der Betätigung Spaß macht. Wenn möglich, trai-

Art der Aktivität	Energieverbrauch in Kilojoule bei 30 Minuten	Beurteilung für Herz/Lunge	Gelenke	Muskeln
Spaziergang	360– 405	1	1	1
Hausarbeit	540– 750	1	2	2
Wandern	600– 750	3	1	2
Reiten	600– 825	2	3	2
Gymnastik	600– 900	2	4	2
Gartenarbeit	450–1050	1–2	2–3	2–4
Tanzen	750–1125	3	4	1
Rudern	750–1275	4	2	4
Fußball	825–1275	3	3	3
Handball	900–1275	4	3	3
Squash	900–1275	3	3	2
Jogging	750–1320	3–4	1–2	2
Radfahren	750–1425	4	2	3
Schwimmen	750–1500	4	4	4
Energieverbrauch in Abhängigkeit von der Intensität der jeweiligen Betätigung		1 = kaum Wert 2 = geringer Wert 3 = guter Wert 4 = sehr guter Wert		
In dieser Tabelle ist das Schwimmen (3 X 4) die idealste körperliche Aktivität.				

nieren Sie nicht allein, sondern mit einem Partner oder in einer Gruppe. Wenn Sie als Betätigung nicht ohnehin das Schwimmen gewählt haben, sollten Sie dies zusätzlich (einmal in der Woche oder wenigstens alle zwei Wochen) tun. Dabei sollten Sie möglichst dem Rückenschwimmen den Vorzug geben.

4. Die Gesundheits-Vorsorge

Der **Erhaltung** der Gesundheit kommt natürlich eine große Bedeutung zu. Gesundheit ist zwar nicht alles, aber ohne Gesundheit ist alles nichts. Neben körperlicher Aktivität können Sie für Ihre Gesundheit natürlich noch einiges tun.

(1) Der Gesundheits-Check

Wesentliche Voraussetzung für Ihre eigene Gesundheits-Vorsorge ist ein jährlicher Gesundheits-Check. Sie sollten grundsätzlich, unabhängig vom Alter, einmal jährlich die wichtigsten Werte bei Ihrem Hausarzt überprüfen lassen. Hierzu gehören u.a. die Untersuchung von Blut und Urin, Blutdruck und Belastungs-EKG. Dazu kommen noch die entsprechenden kostenlosen, altersmäßigen **Vorsorgeuntersuchungen**. Zum Gesundheits-Check gehört auch die regelmäßige **Zahnuntersuchung** (2× jährlich) und als Brillenträger die jährliche **Augenkontrolle**.

(2) Die richtige Ernährung

Neben dem Bewegungsmangel ist die falsche Ernährung ein heute ebenfalls weit verbreitetes Problem. Wir essen zu viel, zu hastig, in falscher Zusammenstellung und zu falschen Zeiten.

Den für Sie sinnvollen **Ernährungsplan** sprechen Sie bitte ebenfalls mit Ihrem Arzt ab. Eine richtige Ernährung ist aber immer abwechslungs- und ballaststoffreich und enthält ausreichend Vitamine und Mineralien. Wenn Sie dann noch Nahrungsmittel mit möglichst wenig Giftstoffen (ohne geht es kaum) zu sich nehmen, haben Sie sicherlich ein weiteres für Ihre Gesundheit getan. Denken Sie aber bitte daran, daß nur der Aufdruck »biologisch« noch keine Garantie für gesunde Nahrung ist.

Zum »idealen« Gewicht gibt es heute viele Meinungen. Bewegen Sie sich um den Bereich des Normalgewichtes (Körpergröße minus 100), weil sowohl Über- als auch Untergewicht gesundheitliche Probleme mit sich bringen.

(3) Die Suchtgefahren

Der Konsum von Suchtmitteln hat in den letzten Jahren zugenommen. Außerdem ist das Einstiegsalter gesunken. Die verbreitetsten **Suchtmittel** sind:

- Alkohol
- Nikotin
- Tabletten
- andere Drogen

Grundsätzlich spricht nichts gegen einen mäßigen Genuß von Alkohol. Im Gegenteil, oft wird sogar behauptet, daß hier positive Effekte zu beobachten seien. Wie bei vielem liegt auch hier die Gefahr im Übermaß. Ab einer gewissen täglichen Alkoholmenge sind gesundheitliche Schäden unweigerlich vorprogrammiert.

Bedenken Sie aber auch, daß es unterschiedliche Formen von **Abhängigkeit** gibt. Wenn Sie beispielsweise jeden Abend eine Flasche Bier trinken, wird Ihnen dies gesundheitlich normalerweise keine Beschwerden bereiten. Wenn Sie diese Flasche aber unbedingt brauchen, auf sie nicht verzichten können, sind Sie **abhängig**. Es scheint zwar eine »harmlose« Abhängigkeit zu sein, es besteht jedoch die Gefahr, daß Sie irgendwann einmal den Konsum steigern bzw. in bestimmten Situationen schneller zum Alkohol als Problemlöser greifen werden.

Sicherlich brauchen wir uns nicht darüber zu unterhalten, daß Drogen schädlich sind. Dasselbe gilt für die Einnahme von Tabletten in hohen Dosen über längere Zeiträume hinweg ohne ärztliche Verordnung.

Gesundheit ist zwar immer auch ein Geschenk, Sie können jedoch einiges selbst für Ihre Gesundheit tun. Zum Abschluß dieses Kapitels noch eines:

Achten Sie auf die Signale Ihres Körpers, seien Sie also nicht zu sorglos, reagieren Sie aber auch nicht auf jedes Zeichen mit Panik und Furcht vor »schlimmen« Krankheiten.

Zusammenfassung Kapitel 10

① Vermeiden Sie Bewegungsarmut.

② Bemühen Sie sich um eine richtige Körperhaltung.

③ Verbessern Sie Ihre Fitness.

④ Treiben Sie Sport und Gymnastik.

⑤ Lassen Sie regelmäßig Ihre Gesundheit checken.

⑥ Achten Sie auf richtige Ernährung.

⑦ Meiden Sie alle Arten von Suchtmitteln.

Kapitel II: Die Gestaltung der Freizeit

*Denkt an das 5. Gebot —
schlagt eure Zeit nicht tot!*

ERICH KÄSTNER

Während früher 50 und mehr Stunden in der Woche als unterste Grenze der regelmäßigen **Arbeitszeit** galt, ist hier in den letzten Jahren vor allem in der Bundesrepublik ein starker Wandel eingetreten. Bereits heute liegt die Arbeitszeit im Durchschnitt unter 40 Stunden in der Woche. Wenn man dann noch die bezahlten Ausfallzeiten (Urlaub, Feiertage, Krankheit usw.) abzieht, liegt die wöchentliche produktive Arbeitszeit eher bei 35 und weniger Stunden.

Dies betrifft mittlerweile nicht nur die Mehrzahl der gewerblichen Arbeitnehmer und der Angestellten, sondern verstärkt auch die Führungskräfte bis hin zum Top-Management. Wenn hier auch immer noch bei weitem mehr als 40 Stunden in der Woche gearbeitet wird, so hat doch eine Untersuchung der Zeitschrift »Capital« im Herbst 1989 ergeben, daß die durchschnittliche wöchentliche Arbeitszeit der Führungskräfte ebenfalls sinkt.

Wir wollen hier nicht diskutieren, ob sich ein Land wie die Bundesrepublik dies leisten kann oder nicht. Wir müssen einfach feststellen: Wir leben bereits in einer Freizeitgesellschaft. So schön dies sein kann, zunehmende Freizeit ist nicht problemlos.

Viele junge Menschen sind heute nicht mehr bereit, für Karriere und hohes Einkommen auf Freizeit und Familie gänzlich zu verzichten. Die Unternehmen werden sich darauf einstellen müssen. Ich behaupte: Selbst beim Top-Management sind 7-Tage-Arbeitswochen mit 12 und mehr Arbeitsstunden als Regelarbeitszeit im Normalfall nicht notwendig.

Bei konsequentem Selbstmanagement leistet ein durchschnittlicher Mitarbeiter in sieben Stunden mehr als ein vergleichbarer anderer in zehn Stunden. Dabei ist bereits berücksichtigt, daß man ein 100%iges Selbstmanagement nicht dauerhaft erreichen kann.

Es ist doch auch nicht einsehbar, daß jemand 60 Stunden in der Woche arbeitet, wenn er die gleiche Leistung durch konsequentes Selbstmanagement genau so gut in 50 Stunden erzielen könnte. Wir leben in einer Leistungsgesellschaft. Okay, aber die Leistung wird doch nicht dadurch dokumentiert, daß Sie möglichst lange an Ihrem Arbeitsplatz sitzen.

Und wie sieht es in der Praxis aus? Sie werden sagen: »In meiner Position kann ich doch unmöglich schon um 17.00 Uhr nach Hause gehen.« Und Ihr(e) Vorgesetzte(r), falls Sie nicht der oberste Boss sind, wird denken: »Ach, der geht schon um 17.00 Uhr nach Hause. Der ist wohl nicht ausgelastet.« Und da sowohl Unternehmer wie Beschäftigte diese falschen Vorstellungen haben, werden Millionen von Arbeitsstunden sinnlos abgesessen. Und das Tüpfelchen auf dem i ist dann noch, wenn diese »Mehrarbeitsstunden« als Überstunden vergütet werden oder wegen des »großen« Einsatzes mit Leistungsprämien versüßt werden.

Wenn Sie irgendwo etwas mitzubestimmen haben, denken Sie einmal intensiv darüber nach.

Um beruflich erfolgreich zu sein, und dies gilt unabhängig von Ausbildung und ausgeübtem Beruf, gehört der Bereich der Freizeit unverzichtbar zum Selbstmanagement. Hierbei sollten Sie Ihr Augenmerk auf die nachfolgenden vier Punkte legen.

1. Ausreichender und gesunder Schlaf

Das Schlafbedürfnis der Menschen ist unterschiedlich und darüber hinaus vom Alter abhängig. Ältere Menschen benötigen i. d. R. weniger Schlaf als jüngere Menschen. Wesentlich ist jedoch für jeden Menschen, daß er ausreichend lange schläft. Dies mögen bei einem Menschen sechs Stunden, bei einem anderen acht Stunden sein.

Die ausreichende Menge an Schlaf ist jedoch nicht allein entscheidend. Hinzu kommt die Schlafqualität. Fast die Hälfte aller Menschen ist mit ihrem Schlaf nicht zufrieden. Nicht umsonst gehören Schlaftabletten zu den meistverkauften Medikamenten.

Bei den **Schlafstörungen** unterscheidet man grundsätzlich die Störungen beim Einschlafen und beim Durchschlafen. Übrigens brauchen Sie gelegentliche Störungen nicht zu beunruhigen. Erst länger andauernde bzw. chronische Schlafstörungen müssen unbedingt behoben werden.

Bedenken Sie bitte, daß Schlaf und Traum lebensnotwendig für Sie sind. Ständig von außen unterbrochener Schlaf ist eine Foltermethode und führt auf Dauer zum Wahnsinn.

Während des Schlafens arbeitet Ihr Gehirn mit unterschiedlicher Aktivität. Phasen des Tiefschlafs wechseln sich mit sogenannten REM-Phasen ab (REM = Rapid-Eye-Movement = übersetzt: schnelle Augenbewegungen). In den REM-Phasen träumen Sie. Zum Ende des Schlafes, i. d. R. gegen Morgen, wird der Schlaf flacher und Sie erwachen.

Im Schlaf arbeitet also Ihr **Unterbewußtsein**. Der Schlaf dient der Konflikt- und Streßverarbeitung. Wenn Sie demzufolge für eine regelmäßige ausreichende Menge an störungsfreiem Schlaf sorgen, haben Sie bereits viel für Ihre psychische Gesundheit getan. Um dies zu erreichen, insbesondere wenn bei Ihnen bereits häufiger Störungen aufgetreten sind, sollten Sie folgendes beachten:

- Entspannen Sie sich bereits tagsüber.
- Treiben Sie abends mäßig Sport (allerdings nicht direkt vor dem Zubettgehen) oder gehen Sie spazieren.
- Lesen Sie vor dem Einschlafen im Bett oder hören Sie Musik.
- Gehen Sie nie zu früh ins Bett. Sie benötigen eine entsprechende Bettschwere.
- Versuchen Sie nicht mit Gewalt einzuschlafen. Es wird Ihnen nicht oder nur sehr schwer gelingen.
- Vermeiden Sie die regelmäßige Einnahme von Schlaftabletten. Diese sind übrigens nach einem kurzen Zeitraum auch bei erhöhter Dosis wirkungslos. Weichen Sie in diesen Fällen lieber auf Tee oder pflanzliche Mittel aus. Auch dies sollten Sie jedoch nicht unkritisch über einen längeren Zeitraum tun. Beachten Sie, daß Alkoholgenuß die REM-Phasen beeinträchtigt. Sie fühlen sich dann morgens wie gerädert. Eine gute Methode ist allerdings das »Autogene Training«.

2. Urlaub und Ausgleich

Gerade wenn Sie im beruflichen Bereich überdurchschnittlich beansprucht werden, müssen Sie auf einen entsprechenden Ausgleich in Ihrer Freizeit achten. Auch wenn Sie beruflich nicht überanspruch̦t sind, schadet dies übrigens nicht.

Sie sollten Beruf und Freizeit möglichst trennen. Versuchen Sie also nach dem Verlassen des Arbeitsplatzes abzuschalten. Nehmen Sie berufliche Probleme nicht regelmäßig mit nach Hause, erst recht keine Akten. Belasten

Sie Ihren Partner nicht mit beruflichen Problemen, wenn er Ihnen sowieso nicht helfen kann. Andererseits sollten Sie Ihre Familie durchaus an Ihrer Arbeit teilhaben lassen, wenn diese daran interessiert ist.

Ihre Familie sollte Sie allerdings auch nicht direkt mit privaten Problemen belasten, Sie also erst einmal zur Ruhe kommen lassen, Ihnen die Möglichkeit des Abschaltens bieten.

Ihre Freizeit sollten Sie möglichst so gestalten, daß Sie als Ausgleich zu Ihrer Arbeit dient. Diese Ausgleichsbeschäftigung(en) sollten im Regelfall so wenig wie möglich mit Ihrer beruflichen Tätigkeit zusammenhängen.

Ebenso wichtig ist der **Urlaub**. Dabei sollten Sie aber unbedingt darauf achten, daß der Urlaub Ihrer Entspannung und Erholung dient. Viele Menschen setzen sich heute bereits im Urlaub derart unter Streß, daß Sie nach Beendigung des Urlaubes erst richtig urlaubsreif sind.

Damit Entspannung und Erholung garantiert sind, benötigen Sie i. d. R. einen längerfristigen Urlaub. Insbesondere wenn noch Klimaumstellungen mit dem Urlaub verbunden sind, ist eine Urlaubsdauer unter drei Wochen nicht sinnvoll. Die anderen Urlaubstage sollten Sie möglichst so verteilen, daß Sie im Jahresverlauf mehrere Kurzurlaube einlegen können. Wenn Sie aus finanziellen oder anderen Gründen nicht mehrfach im Jahr verreisen können, hilft Ihnen auch Urlaub zu Hause. Dann sollten Sie allerdings darauf achten, daß Sie den normalen Tagesablauf bewußt abändern. Dies fällt den meisten naturgemäß nicht leicht, gilt aber als wichtige Voraussetzung für einen »erfolgreichen« Heimurlaub.

Grundsätzlich benötigt jeder Mensch Urlaub von seiner beruflichen Tätigkeit, unabhängig davon, was er oder sie macht. Dies gilt auch für Führungskräfte und Unternehmer. Gerade hier kann man jedoch oft beobachten, daß diese nicht oder nicht ausreichend Urlaub machen.

Dies ist falsch! Urlaub ist gerade für diesen Personenkreis eine A-Aufgabe. Sicherlich mag es Gründe dafür geben, daß ein Urlaub verschoben, verkürzt oder im Extremfall auch mal ausfallen muß. Die meisten Gründe sind jedoch, realistisch und sachlich betrachtet, fadenscheinig.

Ich behaupte: Wenn eine Führungskraft oder ein Unternehmer keinen oder keinen ausreichenden Urlaub macht, stimmt etwas nicht, im Selbstmanagement, im Führungsverhalten, in der Mitarbeiterentwicklung, in der Delegationsfähigkeit usw.

Daneben ergibt sich das Problem der täglichen Freizeitgestaltung. Sinnvolle Freizeitgestaltung fängt sicherlich bei der eigenen Familie an. Die beiden weiteren großen Bereiche sind dann das Zusammensein mit Verwandten, Freunden und Bekannten sowie der weite Bereich der Hobbies. **Hobby** heißt ja nichts anderes als Freizeitbeschäftigung. Hier will ich Ihnen eine Aufzählung ersparen, denn erstens gibt es unzählige Möglichkeiten der Freizeitgestaltung als Hobby, und zweitens muß ein für mich sinnvolles Hobby nicht unbedingt auch für jemand anderen sinnvoll sein.

Ob Sie eines oder mehrere Hobbies haben, ob Sie diese allein oder im Kreise mehrerer ausüben, das können nur Sie allein entscheiden. Wichtig ist aber, daß Sie sich rechtzeitig, schon als junger Mensch, um eine sinnvolle Freizeitgestaltung kümmern. Dies nicht allein aus dem Grund, daß Sie dadurch einen Ausgleich zu Ihrer Tätigkeit erlangen, sondern auch im Hinblick auf Ihr späteres Leben, wenn Sie nicht mehr arbeiten werden. Bedenken Sie bitte, daß man eine sinnvolle Freizeitgestaltung erlernen kann. Viele, deren einzige Beschäftigung die Arbeit war, haben den plötzlichen Übergang in das Renten- oder Pensionsalter nicht verkraftet und sind krank geworden.

Sie mögen daran ersehen, wie wichtig die sinnvolle Freizeitgestaltung für Ihr jetziges und zukünftiges Leben ist.

3. Familie und Arbeit

Wesentlich für Erfolg im Beruf ist ein Familienleben, das intakt ist. Intakt bedeutet nun nicht, daß es innerhalb der Familie keine Probleme gibt. Gerade die familiäre Problemlösungsfähigkeit hilft auch im beruflichen Bereich weiter. Das Familienleben darf allerdings nicht nur aus Problemen bestehen.

Treten im beruflichen Bereich weniger Probleme als im privaten Bereich auf, so stellt man oft fest, daß der davon Betroffene aus der Familie in die Arbeit flüchtet, ja sogar arbeitssüchtig wird (neue Wortschöpfung = workaholic).

In Seminaren wurden Führungskräfte gefragt, warum sie 60, 70, 80 und mehr Stunden in der Woche arbeiteten. Regelmäßig kam die Antwort, daß diese Zeit nötig sei, um das geforderte Pensum zu schaffen. Dies traf jedoch nur vordergründig zu. Es war eine Schutzbehauptung. In Wahrheit flohen diese Leute oftmals vor ihren familiären Schwierigkeiten. Dies heißt natürlich nicht, daß jeder, der 60 Stunden und mehr arbeitet, ein zerrüttetes Familienleben führt. Wir sollten uns wie überall auch hier vor Verallgemeinerungen hüten.

Familie bedeutet übrigens nicht nur Ehepartner und Kinder, obwohl dies für viele die Regel ist. In jungen Jahren gehören zur Familie auch Eltern und Großeltern.

Unternehmen reagieren hier übrigens sehr konservativ und sehen es gern, wenn Ihre Mitarbeiter/innen ab einem bestimmten Alter verheiratet sind. Dies gilt auch ganz besonders für Führungskräfte.

Zusammenfassung Kapitel 11

① Arbeit ist nicht alles!

② Schlafen Sie ausreichend.

③ Suchen Sie einen Ausgleich zur Arbeit.

④ Machen Sie Urlaub.

⑤ Gestalten Sie Ihre Freizeit sinnvoll.

⑥ Denken Sie an Ihre Familie.

Zur ständigen Erinnerung

Verlassen *Sie* eingefahrene Wege!
Stellen *Sie* sich in Frage!
Betonen *Sie* Ihre Stärken!

Verbessern *Sie* die Informationswege!
Trainieren *Sie* Ihr Gedächtnis!
Lassen *Sie* sich nicht manipulieren!
Verstärken *Sie* die Kommunikation!

Setzen *Sie* konsequent Prioritäten!
Erledigen *Sie* immer begonnene Arbeiten!
Werfen *Sie* Unwichtiges weg!
Lassen *Sie* sich nicht durch Nebensächliches von Wichtigem ablenken!
Suchen *Sie* auch ungewöhnliche Lösungen!

Setzen *Sie* konsequent Ziele!
Analysieren *Sie* so oft wie möglich!
Prüfen *Sie* Ihre Aufbauorganisation!
Beobachten *Sie* Ihre Ablauforganisation!
Beweisen *Sie* Mut zu Entscheidungen!
Tragen *Sie* Risiken ohne Angst!
Gehen *Sie* alles bewußt und zielorientiert an!

Planen *Sie* langfristig!
Nutzen *Sie* Wiedervorlagesysteme!
Tappen *Sie* nicht in Zeitfallen!
Übernehmen *Sie* bewußt Verantwortung!
Legen *Sie* »Stille Stunden« ein!

Reagieren *Sie* nicht sofort ohne nachzudenken!
Bewahren *Sie* Ruhe!
Lassen *Sie* keine Hektik aufkommen!
Zeigen *Sie* Selbstdisziplin!
Legen *Sie* kreative Phasen ein!
Arbeiten *Sie* voll konzentriert und bewußt!

Achten *Sie* auf Ihre Leistungsfähigkeit!
Denken *Sie* an Ihre Gesundheit!
Vermeiden *Sie* Bewegungsarmut!
Verbessern *Sie* Ihre Fitneß!

Delegieren *Sie* konsequent!
Lassen *Sie* keine Rückdelegation zu!
Nehmen *Sie* andere in die Verantwortung!
Arbeiten *Sie* gebündelt!
Verzetteln *Sie* sich nicht!
Lassen *Sie* Unwichtiges liegen!
Werfen *Sie* alle Zettel weg!
Arbeiten *Sie* zielorientiert!
Setzen *Sie* Prioritäten!

Nutzen *Sie* moderne Hilfsmittel konsequent!
Setzen *Sie* ein Zeitplanungsbuch ein!
Organisieren *Sie* Ihre Arbeit!
Gestalten *Sie* Ihren Arbeitsplatz funktional!

Denken *Sie* nicht nur an die Arbeit!
Denken *Sie* auch an Ihre Familie!
Gestalten *Sie* Ihre Freizeit sinnvoll!

Denken *Sie* positiv!
Seien *Sie* von sich selbst überzeugt!
Nutzen *Sie* die Kraft Ihrer Gedanken!

Literatur- und Adressen-Verzeichnis

Nachfolgend eine Auswahl von Adressen für Informationen und Literatur zur Thematik. Darüber hinaus gibt es eine Vielzahl weiterer Veröffentlichungen. Hierzu erhalten Sie in guten Buchhandlungen entsprechendes Informationsmaterial verschiedener Verlage.

A) Adressen

Aktion Bildungsinformation, Stuttgart

Deutsche Gesellschaft für suggestopädisches Lernen (DGSL), Siegen

Deutsche Struktogramm-Zentrale, Dudenhofer Str. 46, 6720 Speyer

Frankfurter Allgemeine Zeitung GmbH Informationsdienste, Postfach 100808, 6000 Frankfurt a. M. 1

Gabal-Schriftenreihe, Gabal e.V., Dudenhofer Str. 46, 6720 Speyer

HelfRecht-Zentrum, 8591 Bad Alexandersbad

Josef Hirt AG, Winterthurstr. 338, CH-8062 Zürich

Josef Schmidt Colleg GmbH, Richard-Wagner-Str. 37, 8580 Bayreuth

TIME/SYSTEM Deutschland GmbH, Kellerbleek 3, 2000 Hamburg 54

B) Literatur

Aigner, G.: Wege zum beruflichen Erfolg; Wiesbaden

Beyer, G.: Rationelles Lesen leicht gemacht; Düsseldorf

Boethius, S./Zellweger, H.: Heute beginnt der Rest Deines Lebens; Hamburg

Graupner, H.-B./Simon, H.: Karriereplanung; München

Hartwig/Martin/Herbst: Positiv Managen; Planegg/München

Mackenzie, R. A.: Die Zeitfalle; Heidelberg

Müller, K. G./Seiwert, L. J.: Zielwirksam arbeiten; Sindelfingen

Raphael, P.: Nichts vergessen, Düsseldorf

Schirm, R. W.: Kürzer, knapper, präziser; Düsseldorf

Schmidt/Wollner: Zeitsouveränität; Planegg/München

Seiwert, L. J.: Mehr Zeit für das Wesentliche; Landsberg a. Lech

Seiwert, L. J.: Das 1 × 1 des Zeitmanagement; Speyer

Thiele, A.: Lebenslanges Lernen für Führungskräfte; Köln

Zdenek, M.: Die Entdeckung des rechten Gehirns; Berlin

Stichwortregister